Molekularküche
Das Kochbuch

Thomas Vilgis

Tre Torri

Inhalt

Vorwort	*5*	*Temperaturbereich*	-200 °C – -100 °C	**Seite** 10 - 21
Einleitung	*7-9*			
			-100 °C – 0 °C	22 - 33
			0 °C – 10 °C	34 - 51
			10 °C – 40 °C	52 - 73
			40 °C – 60 °C	74 - 89
			60 °C – 70 °C	90 - 113
			70 °C – 80 °C	114 - 139
			80 °C – 100 °C	140 - 151
			100 °C – 120 °C	152 - 163
			120 °C – 140 °C	164 - 181
Rezeptregister	*204-205*			
Firmenverzeichnis	*206*			
Impressum	*208*		140 °C – 200 °C	182 - 201

Vorwort

Mehr als ein Modetrend

Wie Perlen auf einer Schnur reihen sich unsere Themenbücher aneinander – und die Schnur ist ein roter Faden. Denn ob es sich nun um Bücher über den gekonnten Einsatz von Gewürzen oder Kräutern oder um Ratgeber für das Kochen in der Familien handelt, immer heißt das oberste Gebot: Aufklärung. Diesem Prinzip folgt Tre Torri auch mit diesem Band, der sich dem modernen Schlagwort Molekularküche widmet.

Ein Thema, an dem sich die Geister scheiden. Während die einen vorbehaltlos seinem Erfinder Ferran Adrià zujubeln, der mit seinen physikalisch-chemischen Experimenten eine Küchenrevolution heraufbeschwört, rümpfen die anderen nur verächtlich die Nase und lehnen kategorisch alles ab, was „mit Chemie" zu tun hat. Wobei womöglich keine der beiden Gruppen so recht weiß, was unter molekularem Kochen tatsächlich zu verstehen ist.

Wer begriffen hat, dass Kochen, Braten und Backen eine Veränderung von Aggregatzuständen bedeutet, wer weiß, was eine Maillardreaktion ist und wie sie zustande kommt, wer versteht, was die Moleküle der Lebensmittel miteinander veranstalten, dem wird klar warum dieses oder jenes in der Küche auch mal misslingt. Das heißt: Er wird es besser machen können. Deshalb ist der vorliegende Band kein Must have für ein abgehobenes Grüppchen trendiger Hobbyküchen-Sektierer, sondern ein handfester Ratgeber vor allem auch für Kücheneinsteiger, die nicht nur wissen wollen, wie lange die Kartoffeln kochen müssen, sondern auch warum.

Weil wir der Meinung sind, dass Molekularküche nicht einfach nur ein Modetrend ist, sondern der viel versprechende Anfang einer aufregenden Entwicklung, haben wir uns dieses Themas angenommen. Mit Prof. Dr. Thomas Vilgis, Physiker am Max-Planck-Institut der Universität Mainz, der darüber hinaus über langjährige Erfahrung als Hobbykoch verfügt, haben wir einen Autor gefunden, der es nicht nur versteht, komplizierte Sachverhalte in einer relativ einfachen Sprache darzulegen. Er tut dies auch mit unverkennbarem Talent zu Witz und Unterhaltung und räumt mit Berührungsängsten auf.
Darüber sind wir sehr glücklich.

Tre Torri Verlag, Wiesbaden

Wer sich bei Schweinsfüßen, -schwänzen oder auch Innereien unwohl fühlt, dem sei folgendes Zitat von Cees Nooteboom, dem großen niederländischen Schriftsteller, zum Nachdenken mitgegeben: „Ich habe Respekt vor Vegetariern, nicht aber vor Menschen, die halbe Tiere wegwerfen und nur das essen, was ihnen keinen Ekel einflößt."

Einleitung

Der Begriff „molekulare Küche" ist mittlerweile zum Synonym für alle möglichen, hin und wieder ungewöhnlichen Arten der Essenszubereitung geworden. Sobald man ein Verdickungsmittel jenseits von Kartoffelstärke in eine Sauce rührt oder mit Agar-Agar gelieren lässt, darf man sich Molekularkoch nennen. Wasserbäder, Hold-o-maten und Paco-Jets werden schnell zur Grundausstattung und erheben jede Resopal-Arbeitsplatte zur Plattform für die Molekularküche. Von den Zauberstoffen der Nahrungsmittelindustrie, die einträchtig neben Pfeffer und Salz stehen, ganz zu schweigen. Die „molekulare Küche" hat für manchen etwas Anrüchiges, und etliche Zeitgenossen begegnen ihr eher skeptisch und mit Vorbehalt. Dabei ist jegliches Hantieren in der Küche „molekular", denn jedes Kochen und Garen, jedes Gelieren und Gefrieren, jedes Verdampfen und Aufschäumen funktioniert nur, wenn die entsprechenden Moleküle mitspielen. Kein Mensch käme auf die Idee, aus Wasser und Salz einen Meerschaum herzustellen, um diesen neben ein Stück St. Pierre zu legen. Wasser und Salz reichen eben nicht aus, um zu einem stabilen Schaum aufgeschlagen zu werden. Das weiß jedes Kind, aber das Wissen um das Warum hilft schnell, einen molekularen Trick zu finden, der sich zur Realisierung dieser (zugegeben etwas eigentümlichen) Idee eignet und für entsprechende Schaumstabilität sorgen, wie sie von Eischnee oder geschlagenen Sahnehäubchen bekannt ist. Aber eben auch von den Schaumkronen des Meerwassers, wie sie hin und wieder an verschmutzten Stränden zu finden sind. Der kulinarisch ansprechende Schaum auf dem Teller und jener eklige am verdreckten Strand unterscheiden sich lediglich vordergründig voneinander. Beide Phänomene folgen aber den gleichen physikalischen Gesetzen und haben ähnliche molekulare Ursachen. Wir haben mehrere Möglichkeiten, Schäume zu erzeugen – mal mit Hilfsmitteln, mal ohne –, je nachdem, ob das Lebensmittel schaumstabilisierende Moleküle mitbringt und ob wir sie entsprechend freisetzen können. Physik und Chemie lehren uns das.

Aber auch die katalanische Küchenrevolution von Ferrán Adrià und seinen Schülern trägt zum Verständnis bei. Sie zaubern ungewöhnliche Kreationen, die mit neuen, bislang unbekannten - besser gesagt: haushaltsunüblichen - Mitteln eine schier grenzenlose De- und Rekonstruktion von Lebensmitteln erlauben. Dazu nutzen sie sowohl die ureigenen molekularen Eigenschaften der Gemüse, des Fleischs und anderer Küchenzutaten als auch jene Zusatzstoffe, die in der Nahrungsmittelindustrie schon lange eingesetzt werden, um Cremes Stabilität zu geben, Gele mit unterschiedlichen Eigenschaften durch diverse Hydrokolloide zu erzeugen, Wasser und Fett mit Zuckerestern zu verbinden und und und. Oder den Stickstoff, um Schäume zu Meringuen zu gefrieren. Und sie revolutionieren die Kochtechniken. Von Wasserbädern, Temperschränken (in der Küche vornehmer Hold-o-mat genannt), Rotationsverdampfern usw. war bislang nur in Chemie- und Physiklabors die Rede. Doch diese Gerätschaften sind auch in der Küche mehr als nützlich. Wie sonst kann man 58 °C präzise gesteuert über Stunden halten als im Wasserbad oder in der Temperierkammer. Nur so lässt sich Fleisch wirklich bei Niedrigtemperatur präzise garen. Das Problem, dass dabei beispielsweise die Rinderlende zu lange im Wasser liegt und zu viel Geschmack abgibt, lässt sich einfach vermeiden, indem man sie in Plastikfolie vakuumiert und darin sous vide gart.

Die Aromenkombination ist ein weiterer Schritt. Auch hier gilt vor allem: Was uns ungewohnt erscheint, ist in anderen Kulturen tief verankert. Dazu ist wichtig, den Unterschied von Struktur und Textur zu verstehen, der sich für jeden einzelnen unterschiedlich äußert. Struktur ist immer eine physikalisch messbare Eigenschaft. Textur wird erst in unserem Gehirn aus allen Eindrücken und Informationen der Sinne zusammengefügt. Dies herauszufinden ist nicht nur eine spannende Aufgabe von Chemie und Physik, sondern auch von Biologie und Neurowissenschaften. Es scheint sich, zumindest empirisch, herauszustellen, dass sich auch Aromenkombinationen logischen Regeln unterwerfen, die sich sehr gut auf bekannte Prinzipien der molekularen Wechselwirkungen zurückführen lassen. Selbst komplizierte (quanten-)physikalische Interaktionen spielen dabei eine wesentliche Rolle. Diese spannenden, aber doch sehr komplizierten Forschungsthemen sind natürlich nicht Gegenstand dieses Buchs. Allerdings spielen sie bei der Zusammenstellung von Menüs oder beim Würzen eine große Rolle.

Hier geht es nicht vordergründig darum, recht viele ungewohnte Rezeptideen zu entwickeln. Das bleibt der Kreativität und dem Ideenreichtum der Köche überlassen. Es geht viel mehr um das Basisverständnis der fundamentalen Zusammenhänge. Ohne deren Kenntnis funktioniert es in der Küche kaum, in der molekularen Küche noch weniger. Es bleibt oft bei „trial and error". Es sei denn, Sie folgen stur genauen Rezepten, die zusammen mit Zutaten und Hilfsmitteln geschäftstüchtiger Firmen geliefert werden. Dies erlaubt es wohl, den großen molekularen Köchen nachzueifern. Mit Ihrer eigenen Kreativität hat aber gerade das nicht viel zu tun, und schnell wird dieses stupide Nach-Vorschrift-Vorgehen langweilig. Sobald Sie allerdings vom Rezept abweichen, sind Stolperstellen vorprogrammiert. Warum? Ganz einfach: weil manche Zutaten der molekularen Küche auf fundamentalen Zusammenhängen aus Physik und Chemie basieren, die sich nur überlisten lassen, wenn ihre Funktionen genauer bekannt sind. In diesem Buch werden daher lediglich „Modellsysteme" vorgestellt, die sich – nach Ansicht des Autors – eignen, um Funktion und Eigenschaften aufzuzeigen, als Grundlage für die eigene Kreativität und um sich so weitere Modellsysteme zu erarbeiten und zusammenzustellen.

Dieses Buch bricht bewusst die klassische Einteilung nach Menüfolgen. Das Zusammenspiel der Moleküle – und deren Tanz auf der Zunge – werden maßgeblich von der Temperatur gesteuert. Sie dient hier als Maß aller Dinge. Die Temperatur bestimmt das molekulare Verhalten, den Aggregatzustand und somit auch unser kulinarisches Empfinden, das weit über die übliche Sensorik hinausgeht. Sie ist der wesentlichste Parameter in der Küche überhaupt.

Auch die Molekulargastronomie kann nicht ohne eine starke Berücksichtigung der Kulturwissenschaften gepflegt werden. Essen und Trinken waren und bleiben fest verankertes Kulturgut – im Zuge des immer wilder werdenden Globalisierungsstrebens darf dies nicht vergessen werden. Das vollkommene Zerlegen, Auseinandernehmen und bis zur Unkenntlichkeit Dekonstruieren von Lebensmitteln bleibt nach wie vor zweischneidig. Schließlich handelt es sich um mit großem Aufwand – um nur an den Wasserverbrauch zu erinnern – erzeugte Lebensmittel, die es zu achten gilt. Zum Beispiel sollen nicht nur die hochwertigen Teile verwendet werden, sondern auch die für das jeweilige Rezept nicht benötigten. Das mag für manche Leser vielleicht kleinlich klingen, aber ein agrarpreisgekrönter Ochse besteht eben nicht nur aus Lende, sondern auch aus Leber, Nieren und anderen Innereien. Und die sind nicht nur geschmacklich interessant, sondern vor allem aus molekularer Sicht.

So ergibt sich in der Molekularküche eine Vielzahl von interdisziplinären Zusammenhängen, über die es sich lohnt, etwas tiefer nachzudenken. Molekularküche ist damit eine fundamentale Wissenschaft. Nur in einem Punkt unterscheidet sich die Küche maßgeblich vom Labor: Während der Experimentator im Labor zufrieden ist, wenn eine Methode funktioniert, beginnt in der Küche dann erst die wichtigste Arbeit: hin zu Geschmack und Genuss. Auch die optisch bestechendsten Ravioli aus Spargel, Paprika oder anderen Gemüsesorten, hergestellt mittels Alginaten und Calziumionen, sind wertlos, wenn sie nicht schmecken. Ziel ist immer Geschmack und Genuss. Nur dann hat die Molekularküche ihre tatsächliche Berechtigung.

Die zehn folgenden „Thesen" erheben zwar keinen Anspruch auf Vollständigkeit, können aber dem einen Leser oder der anderen Leserin sicher nützlich sein:

1. Die Molekularküche ist überall. Kochen, Backen oder jedes andere Einwirken auf Lebensmittel geht mit physikalischen und/oder chemischen Veränderungen auf molekularer Basis einher. Jedes Kochen ist somit molekular.

2. Die Molekularküche beschreibt das breite Verständnis von elementaren Zusammenhängen bei der Zubereitung aller Speisen.

3. Die Molekularküche lebt von der interdisziplinären Beschreibung von Kochvorgängen. Sie umschließt Physik, Chemie, Biologie als Naturwissenschaften ebenso wie kulturhistorische und kulturwissenschaftliche Aspekte von Lebensmitteln.

4. Die Molekularküche reduziert komplexe Vorgänge auf wesentliche Züge und Modellsysteme, auf die sehr viele Kochvorgänge vollkommen unterschiedlicher Zubereitungsweisen abgebildet werden können.

5. Die Molekularküche ist weitgehend „universell". Sie beschreibt auf molekularer Ebene alle Prozesse, die durch einfache physikalische Parameter wie Temperatur-, Druck-, Volumen- oder Feldstärkeänderung (etwa bei Mikrowellen) ausgelöst werden, und wie dadurch ausgelöste Phasenübergänge oder Aggregatzustandsänderungen verstanden und kulinarisch genutzt werden können.

6. In der Molekularküche ist der gezielte Einsatz von ausgewählten, aus der Nahrungsmittelindustrie bekannten „molekularen" Hilfsmitteln, wie verschiedene Verdickungs- oder Geliermittel oder biologische Hilfsstoffe (E-Stoffe), und die Definition von Molekülstruktur und -architektur nur als ein Teilaspekt anzusehen.

7. Die Molekularküche ist Teil des allgemeinen Forschungszweigs der Physik und der Chemie der weichen Materie sowie der angewandten Materialforschung mit biologischen „Materialien".

8. Die Molekularküche zielt in ihrer Anwendung bewusst auf eine quantitative physikalisch-chemische Erfassung der Begriffe Geschmack, Struktur und Textur. Was ist Genuss? Wie bestimmen physikalische Parameter Geschmack und Sensorik?

9. Die Molekularküche strebt an, wohl definierte und molekular relevante Struktur-, Sensorik- und Geschmacksbeziehungen zu entwickeln. Der Begriff „Mundgefühl" betrifft dabei sowohl die mechanischen (hart, weich, viskos, cremig, flüssig etc.) als auch die thermodynamischen Eigenschaften (Schmelzen, Temperaturänderung, Kühleffekte im Mund etc.).

10. Die Molekularküche und das „molekulare Kochen" suchen somit ein interdisziplinär umfassendes Grundverständnis aller subjektiven und objektiven Vorgänge in der Küche.

Prof. Dr. Thomas Vilgis

Flüssiger Stickstoff

Stickstoff befindet sich als Gas N_2 in unserer Atemluft. Wie Wasserdampf sich bei unter 100 °C zu Wasser verflüssigt, wird gasförmiger Stickstoff bei -196 °C flüssig. Wegen dieser extrem niedrigen Temperatur ist Vorsicht im Umgang geboten. Daher

- *flüssigen Stickstoff nur in speziellen Thermobehältern (Dewargefäß) aufbewahren*
- *das Gefäß nie dicht verschließen*
- *Schutzhandschuhe und Schutzbrille tragen*
- *nur in gut belüfteten Räumen experimentieren*

Temperaturbereich -200 °C – -100 °C

Stickstoff-Olivenöl

Verglaste Kräuter: Schmeckbarer Glasübergang

Eischnee mit Holundersirup – Nitrobaisers

Gefrorene Espuma Sesam-Curry

Schokoladeneis

Stickstoff-Olivenöl

etwas Olivenöl
etwas Stickstoff

Absolut geniale Beigabe für alle provenzalischen Genüsse. Olivenöl in flüssigen Stickstoff träufeln und gefrieren. Die Kügelchen und Kristalle halten sich für gewisse Zeit auf dem Teller.

Doch Vorsicht: Die Kälte bringt die Bitternoten des Olivenöls zum Vorschein. Also besser ein mildes Olivenöl verwenden.

Je nach Technik – also rasches Hineinschütten oder vorsichtiges Angießen – entsteht so auch eine Art Olivenöl-„Pulver", das aus kleinen amorphen Splittern besteht.

Vorsicht: Kleine Olivenöl-Drops, die vorsichtig auf einem Löffel gefroren wurden, lassen sich lutschen, ohne dass die Zunge Kälteschäden nimmt. Der Grund ist einfach: Öl bzw. Fett hat eine wesentlich kleinere spezifische Wärme als Wasser. Also kühlt es die Zunge nicht so schnell aus – und der Olivenöl-Drop lutscht sich angenehm. Stark wasserhaltige Drops kühlen die Zunge zu sehr aus und es besteht Verletzungsgefahr.

Das Stickstoff-Olivenöl passt sehr gut zu dem Rinderfilet im Senfkräutermantel. Siehe Seite 127.

Verglaste Kräuter: Schmeckbarer Glasübergang

Kräuter nach Belieben (z. B. Basilikum, Kerbel, Salbei etc.)
½ l Stickstoff

Mit einer Zange einzelne Kräuterstängel oder -zweige kurz in flüssigen Stickstoff halten. Durch dieses Schockgefrieren wird das Aroma intensiviert!

Dieses Beispiel zeigt auch, dass ein Begriff, wie „Frittieren in Stickstoff" die Sachlage überhaupt nicht korrekt wiedergibt. Anders als beim Frittieren in Öl entweicht kein Wasser aus den Kräutern, es dampft lediglich Stickstoff ab, der durch das Eintauchen der Kräuter gasförmig wird.

Dieses Experiment zeigt den Zusammenhang zwischen Temperatur und Molekülbewegung. Die dünnen Kräuterblätter werden blitzschnell abgekühlt, die Moleküle stellen ihre thermischen Wackelbewegungen nahezu ein. Das Kraut wird zum spröden Glas (wie auch ein Stück Gummi, das in Stickstoff gehalten wird). Die Wassermoleküle in den Kräutern „erstarren" schnell; dadurch können sich keine großen Kristalle bilden. Nach dem Auftauen sind die Kräuter allerdings etwas schlapper in der Struktur, denn einige Pflanzenzellen werden zerstört.

Der intensive Geschmack der verglasten Kräuter hat ganz andere Ursachen: Zunge und Gaumen brechen die hochgradig spröden Kräuter auf. Durch den „Sprödbruch" werden die Aromen schnell und explosionsartig freigesetzt. Nimmt man das Kraut im angetauten Zustand in den Mund, ist es für diesen Effekt schon zu spät. Die Kräuter schmecken dann weniger intensiv als im herkömmlichen frischen Zustand.

Eischnee mit Holundersirup – Nitrobaisers

Für 4 Personen

2	Eiweiß
1 EL	Holunderblütensirup
½ l	flüssiger Stickstoff

Die Eiweiße sehr steif schlagen und mit dem Holunderblütensirup mischen. Mit einem größeren Plastiklöffel eine Nocke von der Eiweißmasse abstechen und kurz in flüssigen Stickstoff halten. Das Ergebnis erinnert an Meringue bzw. Baiser.

Der Sirup kann natürlich je nach Geschmack oder Jahreszeit variieren. Thymiansirup und Zitronenschale beispielsweise für den Sommer oder – statt des Sirups – 1 EL Puderzucker und 1 Msp. Lebkuchengewürz. Der Puderzucker verleiht dem Eischnee eine cremige Konsistenz.

Die „Knusprigkeit" kann durch die Eintauchdauer variiert werden. Kurze Eintauchzeiten verleihen dem Baiser eine glasige Hülle. Längere Eintauchzeiten sorgen für eine kalte Baiserstruktur.

Für die Strickstoffanwendung erweist sich der Eischnee nahezu als ideal. Die Natur liefert hier ein ausgewogenes Wasser-Protein-Verhältnis, dessen Schaumstruktur eine optimale Bläschengröße zeigt; „Kälteunfälle" können kaum eintreten, solange keine wässrige Komponente zugefügt wird. Ein ungünstiges Wasser-Luft-Verhältnis kühlt die Zunge zu sehr aus. Ein Genuss ist dann kaum möglich.

Gefrorene Espuma Sesam-Curry

Für 4 Personen

250 ml	Sahne
25 g	Sesampaste (Tahin)
1 g	Curry (Kashmir)
½ l	Stickstoff

Sahne, Sesampaste und Currypulver mit dem Stabmixer gut aufmixen, in einen ISI-Spender füllen und kurz schütteln. Einen größeren Plastiklöffel mit Sahne kurz in flüssigen Stickstoff halten. Das Innere des kalten Schaums soll noch etwas weich sein. Die Dicke des gefrorenen Schaums bestimmt dabei den Geschmack

Die Sesampaste (Fett) sorgt für ein angenehmes Aufschmelzen des Schaums. Wegen der Kälte wirkt das Curry erfreulich mild.

In Stickstoff lassen sich beliebige Schäume frieren, solange ausreichend Luft darin ist, sonst wird es unangenehm. Das Hauptproblem ist, dass die Struktur sehr schaumig sein muss, sonst kühlt die Zunge zu schnell ab. Die Folge ist schmerzhaft und Verbrennungen sehr ähnlich. Daher zunächst immer eine vorsichtige Probe nehmen.

Schokoladeneis

Für 4 Personen

100 ml	Milch
100 ml	Sahne
25 g	Zucker
75 g	Vollmilch- oder Zartbitterkuvertüre
1 l	Stickstoff

Milch, Sahne, Zucker und Kuvertüre in einem Topf erwärmen und die Kuvertüre langsam darin schmelzen lassen. Die Schokoladensahne in eine nicht zu kleine Schüssel geben und unter langsamer Zugabe von flüssigem Stickstoff mit dem Schneebesen kräftig verrühren und zu Eis verarbeiten.

Das portionsweise Zugeben und das kräftige Schlagen mit dem Schneebesen garantiert das Auftreten kleiner Kristalle. Auf Emulgatoren wie z. B. Eigelb kann verzichtet werden.

Eine Anekdote aus der Jugendzeit: Als wir schon seit Jahren bei diversen Unifeiern, Arbeitsgruppenfesten und anderen Festivitäten in heißen Sommern immer wieder cremiges „Blitzeis" aus Milch, Sahne, Zucker und diversen Geschmacksrichtungen, etwa geschmolzene Schokolade oder Früchtepürees, mittels Schneebesen und flüssigem Stickstoff zauberten, ahnten wir natürlich nicht, dass wir uns nicht nur eine kulinarisch einwandfreie Abkühlung besorgten, sondern erste kleine Schritte in die Molekularküche wagten. Um ein Eis mit einem derart feinen und cremigen Mundgefühl zu erhalten, muss man sich mit herkömmlichen Methoden gewaltig anstrengen. Um dies zu verstehen, reicht ein mikroskopischer Blick ins Eis. Da entdeckt man eine ganze Reihe von Strukturelementen, die Geschmack und Textur steuern: winzige Eiskristalle, Fettkristalle, je nach Fettsäure mal kristallin, mal flüssig, und viele andere Feinheiten, die aus physikalischer Sicht - nicht aber aus geschmacklicher - vernachlässigt werden dürfen. Die Sensorik lehrt: Je kleiner die Kristalle sind, desto wohliger schmeckt das Eis. Dies ist leicht nachzuvollziehen, wenn man an die kulinarisch vollkommen unterschiedlichen sensorischen Effekte von Eis, Parfait und Granité denkt. Um die Kristalle klein zu halten, muss das Wasser möglichst gut mit dem Fett emulgiert sein. Dafür hilft sich der Eismacher mit der Zugabe von Eigelb, des Emulgators Lecithin wegen. Aber nicht nur das: In Eismaschinen werden die Kristalle durch stetiges Rühren am Wachstum gehindert, oder es werden – vorwiegend bei großtechnischer Fertigung – Zusatzstoffe, wie Xanthan, verschiedene Carageene oder andere wasserlösliche Polymere, zugegeben. Diese binden das Wasser an sich, und schon kann ein Teil davon nicht mehr kristallisieren. Das Eis bleibt cremig. Das mit Stickstoff gerührte Eis braucht diese Tricks nicht, denn die wohldosierte Zugabe des flüssigen Stickstoffs friert das zu Eis werdende Gebräu zwar schnell, aber nur an wenigen Stellen, die aber unter Rühren teilweise sofort wieder schmelzen. Dieses ständige Schmelzen und Frieren emulgiert die Basisbestandteile Wasser und Fett ganz von selbst, und die Eiskristalle bleiben sehr klein.

Das Schokoladeneis lässt sich gut mit Meringuen kombinieren. Siehe Seite 151.

Temperaturbereich -100 °C – 0 °C

Eis vom Kabeljau

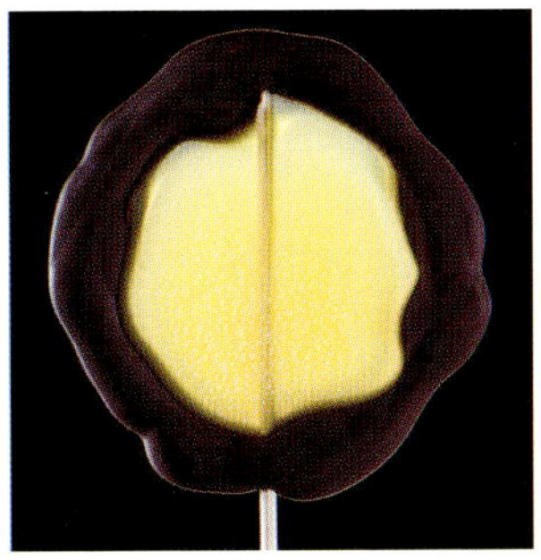
Lutscher von Schokolade und Olivenöl

Karotten-Olivenöl-Granité

Pastisgranité

Hühnereis mit Hautchip

Eis vom Kabeljau

Für 4 Personen

Fischgrundsauce:

45 g	Schalotten
20 g	Butter
100 ml	trockener Riesling
200 ml	Fischfond
200 ml	Sahne

Eismasse:

150 g	Kabeljaufilet
60 ml	Olivenöl
100 ml	Milch
6 g	Fleur de Sel

Fischgrundsauce
Die Schalotten in 1-2 mm große Würfel schneiden und in der Butter anschwitzen. Mit Riesling ablöschen und auf ¼ reduzieren. Den Fischfond aufgießen und auf ein ⅓ reduzieren. Die Sahne zugeben, nochmals aufkochen, im Thermomix emulgieren und anschließend passieren.

Eismasse
Das Kabeljaufilet in kleine Würfel schneiden. Die Fischgrundsauce erwärmen und den Kabeljau darin 3 Minuten pochieren. Im Thermomix (oder mit Pürierstab) mit den restlichen Zutaten mischen und passieren. In Paco-Jet-Becher füllen und 24 Stunden einfrieren. Je nach Temperatur des Tiefkühlers 1-2 Mal „pacossieren".

Im Paco-Jet ist die Eisbereitung kaum ein Problem. Durch das kleine Zerhacken der gefrorenen Masse werden die Eiskristalle zerschlagen. Die Folge ist eine erstaunliche Cremigkeit. Sogar aus Milch und Zucker lässt sich – von der Struktur her – ein außerordentlich cremiges Eis herstellen.

Dieses ausbalancierte Rezept wurde von Michael Hoffmann (Margaux, Berlin) zur Verfügung gestellt. Herzlichen Dank!

Lutscher von Schokolade und Olivenöl

Für 4 Personen

100 g	Zartbitterschokolade (70 % Kakaoanteil)
	etwas Fleur de Sel oder Chilipulver
	etwas fruchtiges Olivenöl

Die Schokolade zerkleinern und über dem Wasserbad erwärmen, bis sie flüssig ist. Nach Belieben mit Fleur de Sel oder Chilipulver verfeinern. Die Holzspieße mit Abstand nebeneinander auf ein Backpapier oder eine Silikonmatte legen. Die flüssige Schokolade auf eine 150-ml-Spritze aufziehen und jeweils auf ein Ende eines Holzspießes einen Kreis aufspritzen. Im Gefrierfach bei -18 – -20 °C gefrieren lassen. Danach das Innere der Schokoladenkreise mit dem Olivenöl auffüllen und erneut einfrieren, damit der Schoko-Öl-Lutscher aushärten kann.

Fettsäuren und Schmelzpunkte

Fettsäure		***Schmelzpunkt °C***
Stearinsäure	(18:0)	69,6
Ölsäure	(18:1)	13,4
Linolsäure	(18:2)	-5,0
Linolensäure	(18:3)	-11,0

Der Clou dieses Desserts ist, dass das Öl einen geringeren Schmelzpunkt hat als die Schokolade und die Aromen, durch unterschiedliche Schmelzpunkte der Kristalle, zeitversetzt freigesetzt werden. Das funktioniert nur mit Fetten, die entsprechend viele einfach ungesättigte Fettsäuren besitzen. Also Olivenöl, denn es hat einen Schmelzpunkt von etwa 13 °C. Auch aromatisierte Olivenöle, etwa mit Vanille oder Orangenschalen, bieten hervorragenden Genuss.

Gänseschmalz statt Olivenöl funktioniert übrigens auch sehr gut und ist geschmacklich eine Sensation, wenn man der Schokolade etwas Fleur de Sel beimischt.

Karotten-Olivenöl-Granité

Für 4 Personen

600 g	Karotten
100 ml	Wasser
100 ml	Orangensaft
	Salz
1 g	Lecithinpulver
100 ml	Olivenöl

Die Karotten schälen, längs vierteln und in Würfel schneiden. Unter Zugabe von Wasser und Orangensaft mit einem Stabmixer fein pürieren und mit etwas Salz abschmecken. In einem Küchentuch auspressen; das ergibt etwa 200 g Karottenfeststoffe und 400 ml Karottensud. Die Ascorbinsäure (Vitamin C) des Orangensaftes wirken als Oxidationsschutz (Antagonisten zur Bräunungsreaktion).

Das Lecithin im Olivenöl auflösen und in 200 ml Karottensud einrühren. Es entsteht eine Emulsion. In ein Gefäß füllen und gefrieren. Wichtig ist vor allem, dass ein größeres Gefäß benutzt wird, weil sich durch das Frieren eine Volumenerhöhung einstellt. Über die Dauer von 2 Stunden alle 10 Minuten umrühren und wieder in das Gefrierfach stellen.

Während der Eisbereitung kommt es zu einer Farbänderung von orange nach gelb. Außerdem entsteht immer wieder eine Schaumkrone, und das Volumen vergrößert sich enorm. Was zeigt: selbst Granité ist eine Emulsion.

Das Granité ist eine gute Beilage zu Geflügel.
Siehe Hühnerbrust mit Tamarindenhonig, Seite 191.

Pastisgranité

Für 2 Personen

100 ml	Pastis (Anisschnaps)
1 g	Agar-Agar
10 g	Glucose

In einem kleinen Topf Pastis mit Agar-Agar und Glucose etwa 10 Minuten quellen lassen. Anschließend nur ganz kurz aufkochen, damit der Alkohol nicht vollständig verdampft (das geschieht bereits bei 78° C). Den Topf von der Kochstelle nehmen, die Masse in eine genügend große Schüssel umfüllen (Achtung: beim anschließenden Gefrieren stellt sich eine Volumenerhöhung ein!) und abkühlen lassen. Etwa 2 Stunden gefrieren, dabei alle 10 Minuten umrühren.

Für 4 Personen

10 g	Traubenzucker
2 g	Agar-Agar
200 ml	Pastis

Rezeptvariante:

10 g	Traubenzucker
2 g	Agar-Agar
200 ml	Pastis
75 g	Butter
½ EL	Amaretto

Den Traubenzucker mit Agar-Agar und Pastis verrühren, etwa 5 Minuten quellen lassen und dann leicht erwärmen. Als Film auf Backpapier oder eine hitzebeständige Silikonmatte gießen, auskühlen und erstarren lassen. Das zuvor gewonnene Karottenpüree (Seite 29) zu einer Rolle formen, auf den ausgehärteten Pastisfilm geben und darin einrollen.

Kalorienreicher, dafür aber geschmacklich raffinierter, ist die folgende Rezeptvariante: Dieses Rezept ist fast identisch mit dem zuvor beschriebenen – bis auf die Zugabe von Butter und Amaretto. Die werden mit 200 g Karotten-Olivenöl-Masse verknetet, zu einer Rolle geformt, auf den ausgehärteten Pastisfilm gelegt und damit eingerollt.

Wenn man für das Gefrieren eine Eismaschine verwendet, erspart man sich das Umrühren. Das Gel, das natürlich gefrorenes Wasser enthält, zum Servieren mit einem Löffel aufbrechen. Durch das Agar-Agar hat es ganz andere „Schmelzeigenschaften" als herkömmliches Granité.

Das Pastisgranité passt hervorragend zu Lachs oder zu Rotbarbe.

Hühnereis mit Hautchip

Für 4 Personen

1	Hähnchenbrust mit Haut (ca. 200 g Doppelbrust am Knochen oder 2 Hähnchenbrüste)
	Salz
10 g	getrocknete Morcheln
50 ml	Vin Jaune (Gelber Wein aus dem Jura, ausschließlich aus der Traube Savignin gekeltert)
4 g	Agar-Agar
100 ml	Sahne
1 TL	fein gemahlener Szechuanpfeffer

Die Haut von der Hähnchenbrust abziehen und großzügig salzen. Dadurch wird den Hautzellen Wasser entzogen. Die Haut in einer beschichteten Pfanne ohne Fett anbraten; dabei mit Gewichten, z. B. einem Topfboden, beschweren. Was spricht für die Gewichte? Die heterogene Hähnchenhaut besteht zur Hauptsache aus Collagen und Fett (ungleiche Verteilung). Deswegen hat die Haut das Bestreben, sich zusammenzuziehen. Bei ⅓ – ⅔ Hitze entsteht unter moderatem beidseitigen Anbräunen ein krosser Chip. Unter dem Gewicht entwickeln sich Röstaromen leichter, und die Haut zeigt bei einer Temperatur von 160–180 °C eine schöne Bräunung. Die Hautzellen geben Wasser ab.

Die Hähnchenbrust 10–13 Minuten in Salzwasser pochieren. Danach etwa 100 ml des Pochierwassers beiseite stellen. Die Hähnchenbrust in etwa 50 g große Stücke schneiden. Die getrockneten Morcheln in einem Mörser fein zerreiben. Strohwein und Morcheln zu den Hähnchenwürfeln geben und mit einem Stabmixer pürieren. Das ergibt etwa 150 g Farce.

Die Hälfte des beiseite gestellten Pochierwassers, Agar-Agar und Sahne erwärmen, bis eine sämige Masse entsteht. Bei Bedarf etwas mehr von der Geflügelbrühe zugießen und einrühren. Mit dem Szechuanpfeffer unter ständigem Rühren auf dem Herd leicht erwärmen (das Agar-Agar muss sich auflösen). Dann im Eisfach gefrieren lassen, wobei erst der Gelierpunkt, dann der Gefrierpunkt erreicht wird.

Über 2–3 Stunden alle 10 Minuten umrühren, um die Kristallstrukturen aufzulockern.

Dies ist natürlich nichts weiter als eine andere Interpretation des französischen Klassikers „Coq au vin jaune et morilles“ aus dem Jura. Dort wird der Gelbe Wein angebaut, der ähnlich wie der Sherry aerob vergoren wird. Zusammen mit den erdigen Morcheln ergeben seine herb oxidativen Geschmacksnoten eine wunderbare Kombination, die sich auch in den Bereich „kalt“ überführen lässt.

Jedes Eis lebt von seiner Cremigkeit und seinen Emulgatoren, beispielsweise Eigelb. Diese Zutat wäre allerdings hier geschmacklich vollkommen fehl am Platz, weshalb die Kristalle auf andere Art am Wachsen „gestört“ werden müssen. Dies könnte zum Beispiel mit geschlagener Sahne erfolgen; das wäre dann ein Parfait. Hier jedoch wurde eine andere Methode gewählt: Das Geliermittel Agar-Agar bindet die Wassermoleküle in sein Netzwerk ein. Dadurch wird die Bildung großer Kristalle unterbunden. Weiter wird durch das ständige Rühren (das auch in Eismaschinen erfolgen kann) das Agarose-Netzwerk immer wieder zerschlagen. Die Geschmeidigkeit wird also durch Mikrogele, das heißt kleine Gelstücke, erreicht.

Die Chips gelingen nur, wenn sie beschwert werden. So bleiben sie flach und bräunen gleichmäßig. Dieses Garen „unter Zwang“ unterbindet die mechanischen Spannungen, die das ungleichmäßige Denaturieren des Bindegewebes der Haut mit sich bringt. Das vorherige Salzen löst bereits Wasser über die Osmose aus dem Proteinverbund. So wird die Haut knusprig ohne zu verbrennen. Die Maillardreaktion wird durch den in der Haut verbleibenden Wasseranteil kontrolliert, da es unter dem Topf nicht so rasch entweicht.

Temperatur und Geschmack: Je kälter das Medium ist, desto mehr muss gewürzt werden. Je unbeweglicher die Moleküle, desto schwächer die Aromenausprägung. Die Freisetzung der Aromen verstärkt sich nachhaltig mit der Temperaturerhöhung im Mund. Auch bei diesem Rezept heißt das Stichwort: „Elastisches Eis“. Siehe Pastisgranité, Seite 31.

Karottenmarzipan

Lachstatar – Garen mit Säure

Temperaturbereich 0 °C – 10 °C

Geschmack und physikalische Parameter

Orangen-Olivenöl-Emulsion

Warm – kalt – fest

Tatar de Tomate, formstabil

Molekulare Resteverwertung

Karottenmarzipan

500 g	Karottenpüree (aus dem Rezept Seite 29)
200 g	Butter
50 g	Glucose
50 g	Fructose
4 cl	Amaretto
100 ml	Pastis
1 g	Agar-Agar
10 g	Glucose
0,5 g	Xanthan

Karottenpüree mit Butter, Glucose und Fructose langsam erwärmen, zu einer glatten Masse verarbeiten, mit Amaretto abschmecken und kalt stellen.

Pastis mit Agar-Agar, Glucose und Xanthan kalt quellen lassen, danach kurz zum Kochen bringen. Auf eine Silikonmatte gießen, zu einer 0,5 cm dicken Schicht verteilen und auskühlen lassen. Das Karottenmarzipan zu einer Rolle formen, auf das Pastisgelée legen und so aufrollen, dass es komplett umhüllt wird.

Beilage: Dazu Sahneeis mit karamellisierten schwarzen Oliven servieren.

Xanthan ist ein sehr effektives Verdickungsmittel, das keine eigene Gelbildungsfähigkeit besitzt. Es gibt dem Pastisfilm mehr Stabilität und Reißfestigkeit als Gelées, die nur mit Agar-Agar hergestellt werden.

Lachstatar – Garen mit Säure

Für 1-2 Personen

2	unbehandelte Limonen
400 g	Lachsfilet ohne Haut
4	Stängel glatte Petersilie
2 g	Koriandersamen (gemörstert)
8	grüne Pfefferkörner
2	Schalotten
	Salz

Eine Limone heiß abwaschen und die Schale mit einem Zestenreißer abziehen. Beide Limonen auspressen. Den Lachs in 0,5 cm große Würfel schneiden. Die Limonenzesten, den Limettensaft und das Lachstatar vermischen und etwa 2 Stunden marinieren.

Von der Petersilie die Blätter abzupfen und fein hacken. Nach Ende der Marinierzeit die gemörserten Koriandersamen, den grünen Pfeffer und die Petersilie zu dem Lachstatar zufügen. Die Schalotten schälen, in sehr feine Würfel schneiden und erst kurz vor dem Anrichten unterrühren, da diese Wasser abgeben würden und sich deshalb die typische Tatarstruktur nicht ausbilden könnte. Mit Salz abschmecken.

Toping mit Campari-Kaviar, siehe Seite 63.

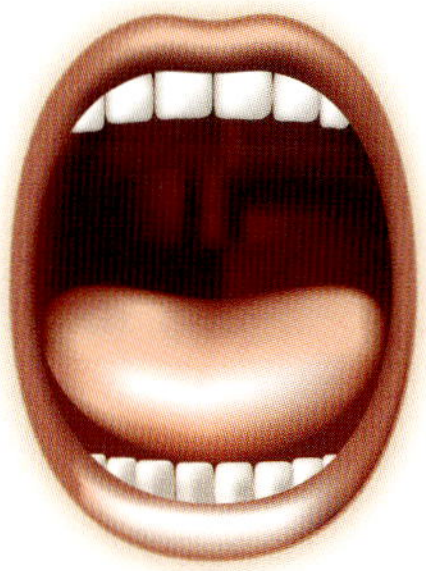

Proteine sind höchst fragile Gebilde, die man nur „sauer anschauen muss", um sie aus ihrer Fassung, besser gesagt aus ihrer Gestalt zu bringen. Das hat schon jeder einmal gesehen, der aus Versehen etwas Zitronensaft oder Essig in ein Glas mit Eiklar geträufelt hat. Nach kurzer Zeit wird das Eiklar an den Stellen, die von der Säure erreicht wurden, weißlich, wie beim Erhitzen.

Dies liegt an den wesentlichen Bestandteilen der Säuren, den Wasserstoffprotonen. Diese verändern die direkte Umgebung an manchen Proteinen so sehr, dass sie denaturieren. Sie falten sich auf und „kochen". Dies wird beim Lachstatar direkt ausgenutzt. Durch das Marinieren in Säure (Zitronen- oder Limonensaft) werden die Lachsstücke nach und nach an der Oberfläche „gegart". Die Farbänderung von rötlich nach weiß zeigt dies eindeutig an.

Diese Vorspeise, serviert mit dem Campari-Kaviar, spricht alle Grundgeschmacksrichtungen - süß, salzig, sauer, bitter und umami, nach neuesten Erkenntnissen sogar fett - auf der Zunge an.

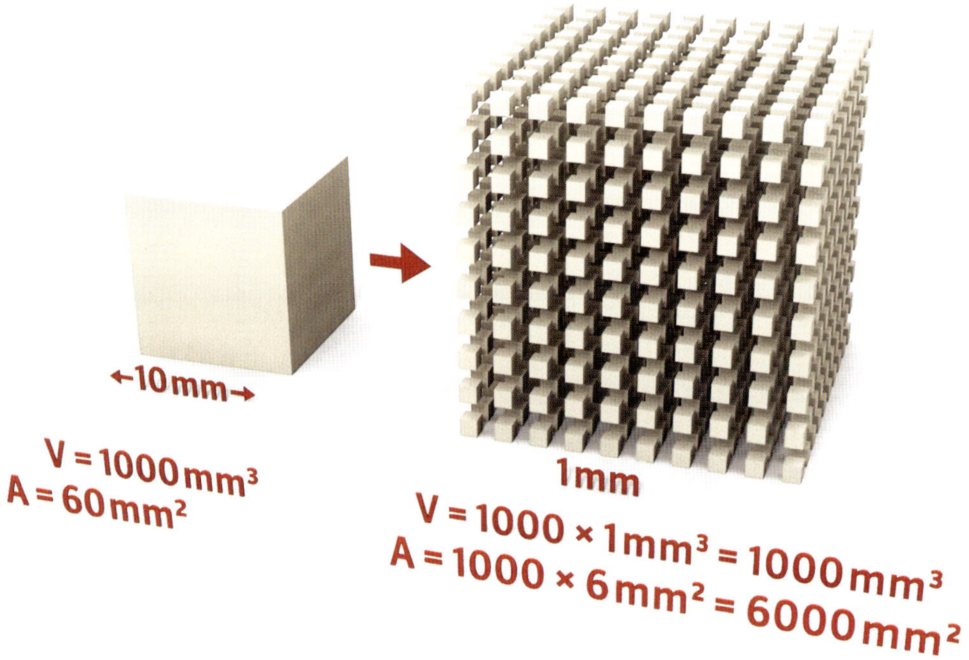
←10 mm→
V = 1000 mm³
A = 60 mm²
1 mm
V = 1000 × 1 mm³ = 1000 mm³
A = 1000 × 6 mm² = 6000 mm²

Geschmack und physikalische Parameter

Geschmack wird immer intensiver, je feiner die Verteilung von Partikeln in Emulsionen, Eiscremes oder Saucen ist. Das sommerliche Eisschlecken ist das Paradebeispiel: Je feiner die Eiskristalle emulgiert sind, desto besser schmecken die Komponenten des Eises und desto feiner wird deren Zusammenspiel.

Dieses Prinzip ist allerdings viel allgemeingültiger als es zunächst den Anschein hat. Daher ist auch das Bruchverhalten bei Gelen, Crisps, Hippen usw. entscheidend für den Geschmack – neben dem beliebten „mouthfeeling".

An einer kleinen Modellrechnung kann dies jeder sofort nachprüfen: Wenn ein großer Würfel mit einer Kantenlänge von 10 mm in viele kleine Würfelchen zerteilt wird und das Gesamtvolumen konstant bleibt, vergrößert sich die Oberfläche, über die Geschmack freigesetzt werden kann.

Dieses Oberflächen-Volumen-Verhältnis ist die wahre Triebfeder bei Emulsionen. Emulgatoren stabilisieren also nicht nur die vielen kleinen Teilchen, sondern sorgen auch für den intensiveren Geschmack, wenn viele kleine Tröpfchen freigesetzt werden anstatt eines riesengroßen. Siehe Vinaigrette: Sind Essig und Öl gut emulgiert, entfaltet sie ihren ganzen Geschmack. Weniger gut emulgierte Vinaigretten schmecken immer nur nach „Essig und Öl". Erst viele kleine Teilchen ergeben einen ausgewogenen Geschmack.

Orangen-Olivenöl-Emulsion

Für 2 Personen

50 ml	Olivenöl
50 ml	Orangensaft
1 g	Lecithinpulver

Je nach Anwendung:

Salz
etwas Estragon
für Rotbarben

etwas Zucker
Baies roses
für ein Schokoladendessert

Olivenöl und Orangensaft miteinander verquirlen, um die typische Horizontbildung zu unterbinden (Kombination aus Wasser- und Ölphase), und das Lecithin zugeben. Sobald die wässrigen und öligen Komponenten emulgiert sind, stellt sich eine Farbveränderung und Trübung ein.

Mit Zucker, Baies roses und geraspelten Schokosplittern ergibt sich ein sehr schöner dekorativer Effekt und ein wunderbares Säurespiel im Mund.

Diese Emulsion kann vielseitig verwendet werden. In Verbindung mit Salz ist sie gut geeignet zu Fischen wie Rotbarbe oder Dorade.

Geschmacksintensität und physikalische Parameter

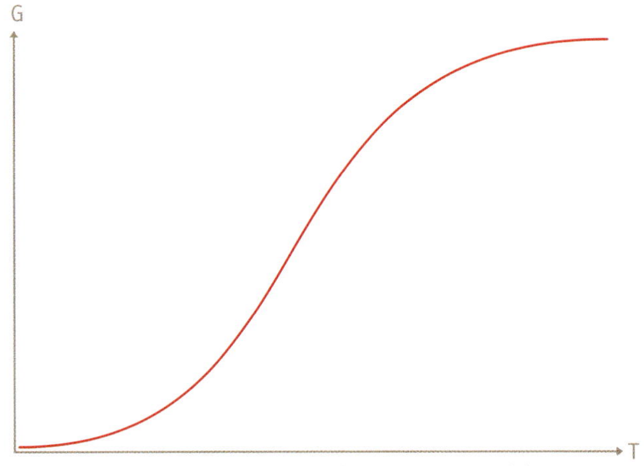

Geschmacksintensität (G) und Temperatur (T)

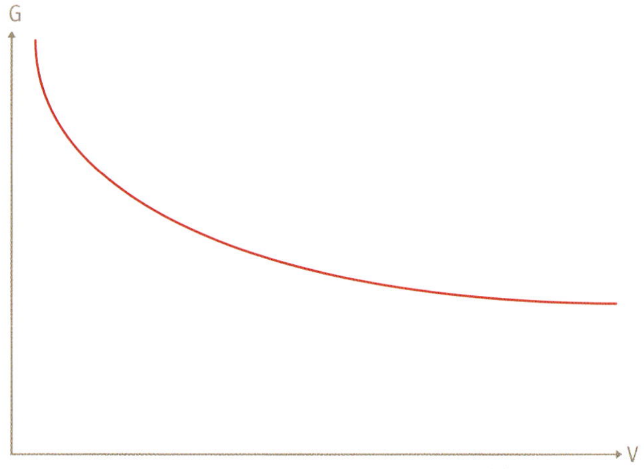

Geschmacksintensität (G) und Viskosität (V)

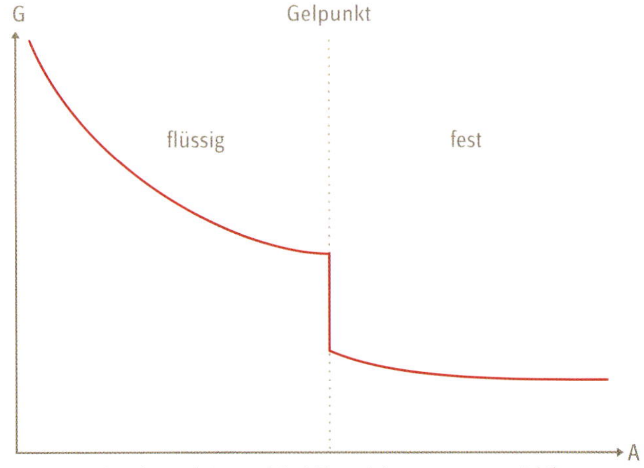

Geschmacksintensität (G) und Aggregatzustand (A)
(Flüssig-Fest-Übergang, Gelieren)

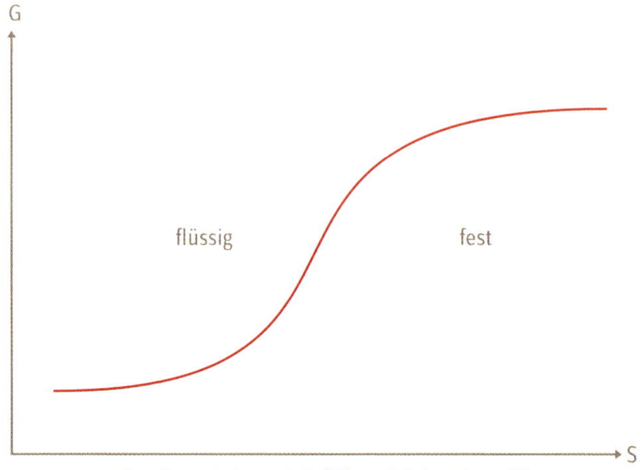

Geschmacksintensität (G) und Schmelzen (S)
(fest-flüssig, fest-gelöst)

Warm – kalt – fest

Ein entscheidender physikalischer Parameter für den Geschmack ist die Temperatur. Das erweist sich beispielsweise bei etwas so Einfachem wie einer Tomatensuppe: Die feine Konsistenz im Verbund mit einem kräftigen Geschmack wirkt stets überzeugend. Gleiches gilt aber auch für die kalte Form an der Bar: Eine Bloody Mary aus Tomatensaft, Tabasco und Wodka fügt ohne Probleme die verschiedenen Aromen zusammen und kann nicht nur als Partygetränk dienen, sondern, wohldosiert eingesetzt, auch in vielen Vorspeisen, etwa in einer Terrine. Der Tabasco übernimmt eine geschmackliche Aufgabe: Er verstärkt das Aroma des kalten Tomatensafts auf dezente Weise. Würde man die Mixtur erhitzen, wäre den meisten der Geschmack wohl zu intensiv. Offenbar bestimmen physikalische Parameter wie Temperatur und Fließeigenschaften den Geschmack.

Eine kalte Gazpacho auf Tomatenbasis schmeckt vollkommen anders als die heiße Tomatensuppe – ebenfalls ein Hinweis darauf, dass Temperatur als physikalisch zugänglicher Parameter eine entscheidende Rolle für die Geschmacksempfindung spielt. So werden bestimmte Aromen in kaltem Zustand nicht so schnell freigesetzt, weil ihr Fließverhalten langsamer ist. Die Rezeptoren melden deshalb unterschiedliche Signale, die das Hirn zunächst mit gespeicherten Erfahrungen und Bekanntem abgleicht. Erst danach entscheiden wir, ob es uns schmeckt oder nicht. Auch deshalb muss eine Gazpacho stets weitere kräftige und deutliche Aromen aufweisen. Kurz: Geschmacksverstärkung ist gefragt, erst recht, wenn die Suppe gelieren soll und ihre Aromen dadurch noch mehr „eingesperrt" werden.

Offenbar spielt die Beweglichkeit der Moleküle eine große Rolle – und damit physikalische Größen, die von der Molekülbeweglichkeit abhängen, also vor allem die Fließeigenschaften. Zur Überprüfung dieser Ansätze ein wenig Praxis.

Zur Zubereitung einer einfachen Suppe und eines Tomatengels schneidet man Tomaten mit Haut und Kernen klein und köchelt sie bei geringer Hitze mit etwas Salz und einer Prise Zucker. Die erforderliche Geschmacksverstärkung liefern die Tomaten dabei selbst, denn reife Tomaten enthalten eine erhebliche Konzentration an freier Glutaminsäure und deren Salzen – jenen verrufenen Stoff also, der gern in Form von Glutamat zugefügt wird, um fade schmeckende Gerichte aufzuwerten. Dabei ist die Glutaminsäure überhaupt nichts Unnatürliches, sondern lediglich eine Aminosäure, die in allen Proteinen, also auch unseren körpereigenen, enthalten ist. In Proteinketten eingebunden können diese Aminosäuren geschmacklich nicht wahrgenommen werden, nur wenn sie die Zunge als freie Moleküle berühren. Dann signalisieren die für die Geschmacksrichtung umami empfänglichen Geschmacksknospen „Protein" und „fleischiger Geschmack". Auf diese Weise können selbst im Grunde unzulänglich gewürzte vegetarische Gerichte als geschmacksintensiv und ansprechend empfunden werden. Kein Wunder also, dass viele industriell gefertigte Würzmischungen den Hinweis „enthält Glutamat" oder „mit Geschmacksverstärker" tragen. Die legendäre Maggiflasche der Hawaiitoast-Hoch-Zeit übrigens auch.

Getrocknete Tomaten verleihen der Suppe, die geliert und kalt serviert werden soll, einen gewaltigen Geschmacksschub. Eine großzügige Beigabe von Thymian empfiehlt sich ebenfalls, bei dieser Version an weiteren Gewürzen jedoch lediglich Salz und Pfeffer, denn das Eigenaroma soll nach Möglichkeit nicht maskiert werden. Die Säure lässt sich mit der Prise Zucker geschmacklich etwas mildern. Nach etwa 20 Minuten sind die Tomaten soweit. Nun gilt es, alles zu entfernen, was nicht ins Tomatengel gehört: Kerne und Schalen. Dafür wird die Suppe durch eine Flotte Lotte passiert, die alle „Trümmer" oberhalb der durch die Lochscheibe vorgegebenen Größe aussortiert. Übrig bleibt eine dickliche Brühe, die in warmem Zustand herrlich schmeckt, in der gelierten und kalten Version aber nicht überzeugen würde, weshalb sie nochmals reduziert und mit gutem Tomatenmark verfeinert wird: Die Zugabe einer kleinen Dose hochkonzentrierten italienischen Tomatenmarks verdichtet den Geschmack tatsächlich weiter. Und genau das wird benötigt: eine hohe Geschmacksdichte. Das Einrühren von fruchtigem Olivenöl unterstützt dies ebenfalls. Dann kann mit dem Gelieren begonnen werden.

Gelierpraxis und Physik des Gelierens

Jeder Gelierprozess – ob beim klassischen Pudding, einer Panna cotta oder der Tomatensuppe – stellt eine Immobilisierung des vorhandenen Wassers dar, weshalb er die Beachtung einer ganzen Reihe von physikalischen Gegebenheiten erfordert. Wasser ist ein polares Molekül, daher müssen die Geliermittel ebenfalls polare Eigenschaften besitzen, damit sie überhaupt wasserlöslich sind. Nun gibt es bei der Tomatensuppe zwei Probleme, die dem Gelierprozess eher hinderlich sind: zum einen die hohe Säure der Tomaten, zum anderen die durch das Würzen zugefügten Salzionen. Beide Komponenten liefern Ionen – Na^+, Cl- und H^+ (Natrium, Chlor, Protonen) –, die wiederum die polaren Teile der Geliermittelmoleküle besetzen und deshalb für die Bindung des Wassers nicht mehr zur Verfügung stehen. Da die Geliereigenschaften herkömmlicher Gelatine dafür nicht ausreichend sind, empfiehlt sich die Verwendung von Agar-Agar, dessen Hauptkomponente, die Agarose, viel mehr und effektivere Wasserbindungsstellen aufweist als das Protein Gelatine mit seiner großen Zahl an wasserabstoßenden Aminosäuren. Agar-Agar geliert deshalb auch schon bei höheren Temperaturen sehr gut. Um ein schnittfestes und fingerdruckbeständiges Gel zu erhalten, benötigt man für einen Liter Tomatensuppe etwa drei gestrichene Teelöffel. Das Agar-Agar wird klumpenfrei zugegeben, mit dem Schneebesen eingerührt und alles noch einmal aufgekocht. Die Viskosität nimmt bereits zu. Anschließend wird es trickreich, denn in der Tomatensuppe befinden sich noch Schwebstoffe. Damit diese während des Gelierprozesses nicht zu Boden sinken und das Gel heterogen gestalten, ist es ratsam, die Suppe vom Herd zu nehmen und dabei mit dem Schneebesen weiterzurühren. Währenddessen setzt der Gelierprozess ein und die Suppe wird immer viskoser. Sollte man Olivenöl in die Suppe gegeben haben, ist das Rühren unerlässlich, denn die Öltröpfchen müssen so lange einemulgiert werden, bis sich die Viskosität so weit erhöht, dass eine Phasentrennung von Wasser und Öl nicht mehr möglich ist. Dann füllt man die Suppe in ein flaches Gefäß, beispielsweise eine Auflaufform. Die Füllhöhe sollte etwa 1,5 cm betragen. Das erleichtert später das Aufschneiden in Würfel.

Physikalisch betrachtet ist jedes Gelieren ein Phasenübergang von einer flüssigen, viskosen Phase (heiße Suppe) in einen elastischen Festkörper (Tomatengel). Dieser Übergang wird durch Zugabe von langen Kettenmolekülen oder Polymeren bewerkstelligt, die sich miteinander vernetzen können. Die Polymere müssen sich aber in dem zu gelierenden Medium vollkommen lösen lassen, was bei sehr langen Molekülen viel schwerer vonstatten geht als bei kleinen, wie etwa beim Haushaltszucker; dieser besteht lediglich aus zwei Zuckermolekülen und ist damit ein Disaccharid. Agar-Agar dagegen besteht aus einer Kombination mehrerer Molekülarten – viele aneinander gehängte Zuckermoleküle –, die sich zu Molekülketten, so genannten Polysacchariden, verbinden. Allein die Zugabe des Agar-Agars erhöht bereits die Viskosität der Suppe, und dies umso wirksamer, je länger diese Molekülketten sind. Beim Abkühlen verlangsamt sich die Molekülbewegung weiter, die Ketten gleiten nicht mehr so schnell aneinander vorbei und können sich, sofern die Chemie stimmt, dabei miteinander verhängen. Dadurch bilden sich noch größere, unregelmäßige Molekülverbände, die eine weitere Viskositätszunahme mit sich bringen. Nach und nach verbinden sich immer mehr dieser Ketten, sodass ein riesiger Verband, ein Cluster, entsteht. Erstreckt sich dieser riesige Polysaccharidverband schließlich in der Tomatensuppe von einer Seite der Auflaufform zur anderen, spricht man aus molekularer Sicht von einem „unendlichen Cluster". Ein Fließen ist dann nicht mehr möglich. Aus der flüssigen Suppe ist ein Festkörper, ein Gel, geworden, was sich an den elastisch schwingenden Wackelbewegungen des Tomatenpuddings in der Form beobachten lässt, wenn man sie anstößt. Dieses Gel ist natürlich noch zu weich, denn es soll beim Servieren ja dem Fingerdruck standhalten. Deshalb müssen weitere, bisher noch nicht vernetzte Ketten zur Verfügung stehen, um für zunehmende Festigkeit zu sorgen.

Für die ausgezeichnete Gelierfähigkeit von Agar-Agar ist dessen Molekülstruktur verantwortlich. Es besteht aus einem Gemisch von Agarose und Agaropektin. Agarosemoleküle sind lange Fadenmoleküle, deren Grundbausteine aus zwei Formen der Galactose bestehen. Allerdings kommt nach etwa jeder zehnten Einheit eine Schwefelmodifikation hinzu, die es den Molekülen beim Erkalten erlaubt, sich in kurze Helixstücke zu verwinden. So entsteht ein dreidimensionales, weit verzweigtes Molekülnetz, das wegen seines Zuckercharakters, also der Wasserlöslichkeit, viel Wasser binden kann. Agaropektinmoleküle sind bereits verzweigt und helfen bei der Bildung des molekularen Netzwerks kräftig mit.

Der Gelierprozess mit Agar-Agar ist reversibel, denn bei 95 °C werden die Gele wieder flüssig, um bei etwa 45 °C erneut zu erstarren. Die gelierte Suppe wäre also ohne weiteres wieder zu verflüssigen und könnte in einem anderen Kontext neu serviert werden. Auch wegen des Olivenöls muss man keine Bedenken haben, denn es wird von vielen Emulgatoren in der Suppe gehalten. Außerdem werden die Öltröpfchen zwischen den Maschen des Agarosenetzwerks festgehalten, so dass eine Entmischung nicht mehr möglich ist.

Struktur, Erwartung und Geschmack → Textur

Die Reaktionen beim Servieren einer gelierten Tomatensuppe werden natürlich unterschiedlich sein. Zum einen handelt es sich dabei um eine vollkommen unerwartete Geschmacks- und Konsistenzerfahrung, die auf der ungewohnten Struktur des Geschmeckten beruht. Zum anderen aber werden die Aromen viel langsamer freigegeben als bei einer kalten und nicht gelierten Tomatensuppe. Natürlich könnte man die Grundsubstanz für das Gel zusätzlich noch klären. Dabei wird allerdings ein Großteil des Farbstoffs und Radikalfängers Lycopin herausgefiltert, der die Tomate zumindest aus oekotrophologischer Sicht besonders wertvoll macht. Dazu hängt man die grob pürierten Tomaten in ein feines Küchentuch und fängt den nahezu klaren Saft auf. Diesen darf man nach Geschmack würzen: mit Kräuterinfusionen und Salz aufkochen, Agar-Agar dazu, und, wenn man möchte, in Gummibärchenförmchen gelieren lassen und als kleinen Gag servieren. Das ist vielleicht nicht wirklich originell, aber so kann man am besten die überraschten Reaktionen studieren und wie die Esser mit der enttäuschten Erwartung von etwas Süßem auf der Zunge, etwa aus Richtung Johannisbeere, umgehen.

Tatar de Tomate, formstabil

Für 4 Personen

6	mittelgroße Tomaten
1	Bund Basilikum
100 ml	Wasser
	Meersalz
1 g	Agar-Agar (Biozoon)
	Pfeffer aus der Mühle
50 g	Mozzarella
50 ml	Olivenöl

Die Tomaten mit kochendem Wasser überbrühen, häuten, in 1 cm große Würfel schneiden und kühl stellen. Die Tomatenhäute mit der glatten Seite nach oben auf einem Backpapier auslegen. Im vorgeheizten Backofen bei etwa 100 °C Ober- und Unterhitze 30–40 Minuten backen, bis sie trocken und chipsähnlich sind.
Vom Basilikum die Blätter abzupfen und mit Wasser und Salz aufmixen. In ein Tuch geben, auspressen und den Sud auffangen. Das Agar-Agar in 100 ml Basilikumsud einrühren.
Den Sud erwärmen, kurz aufkochen und mit Salz und Pfeffer würzen. Den noch flüssigen Sud in eine Form gießen und gelieren lassen, bis er wie Wackelpudding ist. Die gelierte Masse in Streifen und anschließend in 1 cm große Würfel schneiden. Die Würfel kühl stellen.
Den Mozzarella ebenfalls in 1 cm große Würfel schneiden, salzen und pfeffern. Die Würfel werden in Dessertringen angerichtet, z. B. in den Nationalfarben Italiens (Tomaten = rot, Mozzarella = weiß, Basilikum = grün). Mit dem gekühlten, aber noch flüssigen Olivenöl beträufeln. Darauf achten, dass das Olivenöl nicht aus der Form fließt.

Das Tatar gekühlt servieren. Die Aromenfreisetzung erfolgt dann zeitversetzt im Mund.
Die Geschmacksparameter sind hier:

1. Schmelzen und verflüssigen des Olivenöls
2. Brechen des Basilikumgels zwischen Zunge und Gaumen
3. Freigabe der Aromen der Tomatenwürfel
4. Erwärmen der Mozarellawürfel und Freigabe der Aromen des Käses

Es ist unabdingbar, gekühltes Olivenöl zu verwenden, da die verlangsamten Fließeigenschaften des Öls noch ausreichen, um in alle Zwischenräume zu kriechen und die Oberflächen aller Komponenten zu benetzen. Im Kühlschrank wird das Öl kristallisieren und fest werden. Dadurch verkleben die Zwischenräume und die Dessertringe können problemlos abgezogen werden, ohne dass der Zusammenhalt darunter leidet.

Molekulare Resteverwertung

Die salzige Molke des Mozarellas ist viel zu schade zum Wegwerfen. Damit lassen sich noch beachtliche Effekte erzielen, beispielsweise mit Methylcelluloselösung.

Variante I: Warmer Schaum

Etwa 25 ml Mozzarella-Molke mit 5 g Methylcelluloselösung (von Biozoon) verrühren und im Wasserbad mit dem Schneebesen aufschlagen. Es entsteht ein heißer Schaum, der im Mund schmilzt.

Variante II: Mozzarellapapier

Etwa 80 ml Mozzarella-Molke mit 10 ml Methylcellulose-Wasserlösung (3 g auf 200 ml Wasser) verrühren. Auf eine Silikonmatte gießen und im Backofen bei 40 °C mehrere Stunden trocknen. Dabei ist der Trocknungsprozess von außen nach innen genau zu beobachten. Es entsteht ein hauchdünnes, knuspriges Esspapier.

Air – essbarer Schaum, Petersilie

Air – essbarer Schaum

Air – essbarer Schaum, Räucherspeckschaum auf Brotchips

„Verkapselungen“ - mundgerechte Core-shell-Gele

Campari-Kaviar

Temperaturbereich 10 °C – 40 °C

Grüne Schokoladensauce auf Bananen

Modifizierte Cellulose

Grundmayonnaise aus Eiklar und Olivenöl

Schokolade mit Fleur de Sel/ Aromen

Warme Schäume mit Sahne und Schokoladenravioli

Air – essbarer Schaum, Petersilie

1	Bund glatte Petersilie
400 ml	Gemüse- oder Hühnerbrühe
1 g	Natriumcitrat
4 g	Lecithinpulver (Apotheke oder Biozoon)

Von der Petersilie die Blätter abzupfen. Brühe, Natriumcitrat und Petersilienblätter bei geringer Wärme-zufuhr in etwa 5 Minuten kurz aufkochen lassen. Das Lecithin zugeben, den Topf vom Herd nehmen und mit einem Stabmixer bis zur Schaumbildung pürieren.

Den Schaum abschöpfen, servieren oder in einem Gefäß gefrieren lassen.

Das Natriumcitrat trägt zur Farberhaltung bei, Oxidationsprozesse werden verhindert.

Farbstabilität von Gemüse oder Kräutern beim Blanchieren oder Kochen.

Petersilienschaum
Petersilienschaum gefiltert

Petersilienschaum gefroren
Petersilienschaum gefiltert und gefroren

Air – essbarer Schaum

Die Stabilisierung der Schäume funktioniert ähnlich wie bei Emulsionen. Das grenzflächenaktive Lecithin besitzt ein hydrophiles (wasserliebendes) Köpfchen und ein fettliebendes Schwänzchen. Also steckt es sein Köpfchen in die feuchten Wasserwände und reckt sein Schwänzchen – mangels Fett – einfach in die Luft.

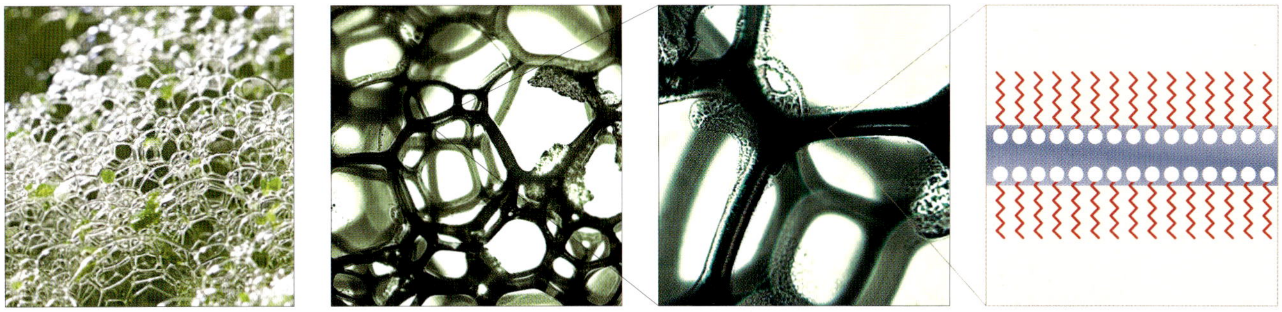

Der Petersilienschaum in verschiedenen Vergrößerungen. Unter dem Mikroskop sind die dreidimensionalen Schaumbläschen deutlich zu sehen. Selbst die kleinen Petersilienstücke fügen sich in dieses sehr stabile Schaumgerüst problemlos ein. Könnten wir eine Wasserwand genauer betrachten, so wäre die Anordnung der Lecithinmoleküle, wie hier schematisch dargestellt, zu erkennen.

Beim Einfrieren im Gefrierfach des Kühlschrankes können viele Bläschen platzen, vor allem wegen des eher langsamen Einfrierprozesses: Das Wasser in den sehr dünnen Bläschenwänden gefriert, die Kristalle wachsen und zerstoßen die dünnen Wände. Anders beim Eischnee: Dort werden die Bläschen durch größere Moleküle, die Proteine, stabilisiert, die an der Grenzfläche Wasser-Luft regelrecht lokalisiert sind. Sie verhindern das Wachsen der Kristalle und lassen sich auch nicht so leicht verschieben wie die kleinen Lecithinmoleküle. Durch genaue Berechnungen lassen sich sogar erwünschte Proteineigenschaften vorhersagen, die für eine gute Stabilisierung der Grenzflächen sorgen.

Air – essbarer Schaum, Räucherspeckschaum auf Brotchips

100 g	geräucherte Speckwürfel
400 ml	Gemüse- oder Hühnerbrühe
4 g	Lecithinpulver und zum Vergleich 4 g Erbsprotein
5	Scheiben Sauerteigbrot für die Brotchips
1 EL	Butterschmalz

Die Speckwürfel in der Brühe erhitzen und dann 12 Stunden ruhen lassen. Danach sollten Fettaugen auf der Brühe erkennbar sein.
Die ungelösten Fette mit einem Teefilter von der aromatisierten Brühe abfiltrieren. Die Brühe kurz aufkochen und vom Herd nehmen. Das Lecithin bzw. Erbsprotein zugeben und mit einem Stabmixer bei hoher Geschwindigkeit bis zur Schaumbildung aufschlagen. Den Schaum abschöpfen, in ein Gefäß geben und kalt stellen.
Mit einem runden Ausstecher (Ø 5 cm) Chips aus den Sauerteigbrotscheiben ausstechen und in einer Pfanne im Butterschmalz ausbacken. Während des Bratens müssen die Chips leicht beschwert werden.
Die abgekühlten Brotchips anrichten und darauf den zuvor gewonnenen Räucherspeckschaum mit einem Löffel verteilen.

Beim Vergleich zeigt sich, dass Lecithin eine bessere Schaumbildungseigenschaft aufweist als das Erbsprotein.

„Verkapselungen" - mundgerechte Core-shell-Gele

Wenn Sie Ihre Gäste einmal verblüffen möchten, servieren Sie Ihren Campari-Orange doch als fest-flüssiges Zweiphasensystem, sprich: im Orangensaft schwimmende Campari-Perlen, die sich nicht mit Wasser mischen. Kaum zu glauben, aber Natur und Physik der weichen Materie bieten reichlich Material und vor allem Theorie: die Physik von geladenen Polymeren, so genannte Polyelektrolyte. Darunter versteht man lange, wasserlösliche Molekülketten, die hin und wieder negative Ladungen entlang ihres Gerüsts tragen. Polyelektrolyte erfreuen Physiker, da ihre molekulare Gestalt gar nicht so einfach zu beschreiben ist. Die Entropie sorgt einerseits dafür, dass sich das Kettenmolekül möglichst eng verknäuelt. Die Ladungen entlang der Kette stoßen einander stark ab, was eher auf eine gestreckte Form des Moleküls deutet. Diese konkurrierenden Aspekte lassen sich durch Zugabe von Salzen, etwa Natriumchlorid, steuern. Die einfach positiven Natriumionen (Na^+) schirmen die Ladungen entlang der Ketten ab, indem sie diese quasi neutralisieren.
Was passiert, wenn zweiwertige Ionen, etwa Calciumionen Ca^{2+}, zugegeben werden? Diese besetzen sofort die negativen Ladungen des Polyelektrolyten. An diesen Stellen ist die resultierende Ladung positiv, die eine andere, negative Ladung der Kette anzieht und fest mit ihr verbindet. Das Resultat ist eine mit sich selbst „vernetzte" Polymerkette mit sehr fester Struktur. Man kann sich leicht vorstellen, dass mit vielen Ketten regelrecht feste molekulare Netze gebildet werden können. Soweit die Polyelektroyphysik – und wo bleibt unser Campari-Orange?
Keine Sorge, gleich wird er serviert, denn aus diesen Beobachtungen lässt sich Folgendes ableiten: Zunächst wird Alginatpulver in dem Campari aufgelöst. Alginat ist ein wasserlösliches, geschmackloses Geliermittel aus Algen, das sich durch Dissoziation an vielen Stellen negativ auflädt. Dann wird die Lösung auf eine Spritze (ohne Kanüle) aufgezogen und in ein Bad aus Calciumchlorid getropft. Und schon bilden sich - nach einigen Probeversuchen - kleine gleichmäßige, rote Kügelchen voller Campari-geschmack. Dabei geschieht genau dasselbe wie im Labor: Beim Eintropfen vernetzen sich die negativ geladenen Stellen der Alginatketten über die zweifach geladenen Ionen. So bildet sich ein Gel, dessen Festigkeit von der Verweildauer in der Lösung bestimmt ist. Je länger die Kügelchen in der Lösung sind, desto härter werden sie. Kurze Zeiten vernetzen nur eine äußere Schale, während der Kern noch sehr flüssig bleibt. Die Kugelform der Gele wird durch die Oberflächenspannung gewährleistet. Nach dem Abfischen müssen die Campariperlen nur noch kurz mit Wasser abgespült werden.
Abgesehen von der spannenden Physik bietet diese „Vekapselungsmethode" durchaus einen neuen kulinarischen Reiz: Beim Zerdrücken der Camparikügelchen mit der Zunge vermischen sich die Aromen erst im Mund und nicht bereits im Glas.

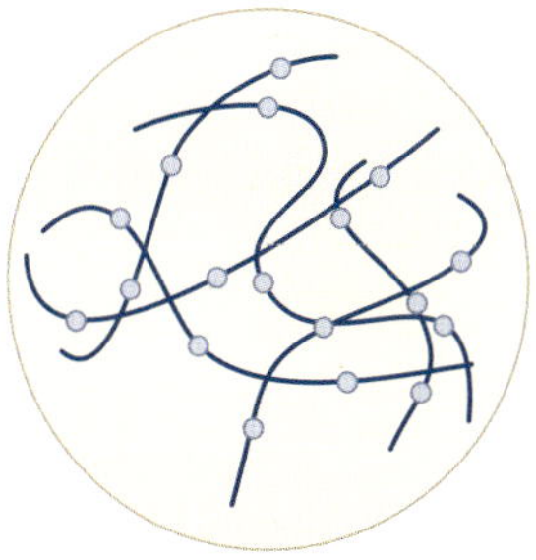

Calziumionen = Ca^{2+} = (2+)

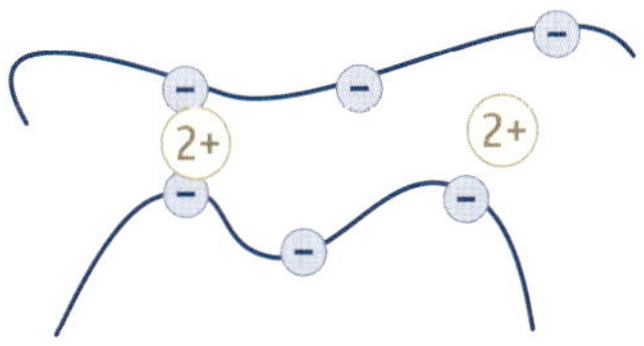

Ca^{2+} vernetzen geladene Monomere

Schematische Darstellung der Calziumvernetzung
Die Alginatmoleküle laden sich während des Lösens an manchen Stellen negativ auf. Dies braucht Zeit, daher ist eine Ruhezeit nach dem Einrühren erforderlich. Dabei wird die Lösung immer dicker, d.h. viskoelastischer. Diese negativen Ladungen - sie befinden sich entlang der Ketten - verbinden sich mit den zweifach positiv geladenen Calziumionen paarweise, sodass die meisten Ladungen kompensiert sind. So entstehen feste molekulare Netze.
Diese extrem stabilen Vernetzungen bilden die Außenhaut des Kaviars. Je länger die Kügelchen dem Calziumbad ausgesetzt werden, desto dicker wird die Haut. Werden die Kügelchen komplett durchvernetzt, können sie sogar als kugelige Elemente in heißen Saucen schwimmen, ohne dass sie sich auflösen oder platzen. Bei genauerem Hinsehen könnte man erkennen, dass jede Vernetzungsstelle aus mehreren Calziumionen besteht. Für das prinzipielle (physikalische) Verständnis ist dies allerdings unerheblich.

Campari-Kaviar

Für 4 Personen

10 g	Calciumchlorid oder Calciumlactat (Biozoon)
1,5 l	Wasser
1,5 g	Alginat (Biozoon)
150 ml	Campari

Das Calciumchlorid im Wasser auflösen. Das Alginat in den Campari einrühren. Dieser Prozess kann durch leichte Wärmezufuhr beschleunigt werden. Die Campari-Alginat-Lösung in eine 200-ml-Spritze aufziehen und gleichmäßig in die Calciumchlorid-Lösung tropfen lassen. Mit einem kleinen Löffel die Camparikügelchen aus der Lösung fischen.

Der Campari-Kaviar dient als Dekoration (Lachseiern gleich) und als Geschmacksergänzung. Er spricht die Geschmacksrezeptoren für bitter an und passt ideal zum Lachstatar von Seite 39. Auch schwimmend in Orangesaft geben sie eine ungewöhnliche Interpretation des Klassikers „Campari-Orange".

Diese Methode ist natürlich nicht auf Campari beschränkt. Jeder Fruchtsaft, jeder Fond, jeder Gemüse- oder Gewürzextrakt kann damit verkapselt werden. Lediglich die Menge des Alginats ist immer etwas unterschiedlich. Aus physikalischen Gründen hängt sie von verschiedenen Parametern ab, etwa von dem Salz-, also Ionengehalt, von der Konzentration hydrophober Moleküle, die die Löslichkeit des Alginats negativ beeinflussen, usw. Kapseln aus reinem Pastis gelingen kaum, denn die Beigabe des Alginats sorgt sofort für eine Entmischung des Wassers vom Alkohol und den ätherischen Ölen des Anisschnapses. Der Pastis muss zuvor mit Wasser bis zu seinem Trübungspunkt verdünnt werden.
In diesem Beispiel fiel die Wahl auf Campari, der weder zuviel Alkohol noch zu viele hydrophobe Moleküle aufweist. Die Verkapselung funktioniert daher trotz Alkohol problemlos.

Die Bilder links zeigen deutlich die Physik der Gelierung im Calziumbad. Zuerst wurde der Campari mit Alginat versetzt. Die langen Alginatmoleküle lösen sich im Campari und laden sich elektrisch auf: Die Lösung wird zähflüssig und viskoelastisch, wie sich an der Einschnürung bei der Tropfenbildung deutlich erkennen lässt. Die langen Moleküle in der Lösung versuchen, den Tropfen zusammenzuhalten, die Schwerkraft zieht ihn aber unweigerlich nach unten. Die langen sich in dem Tropfen verheddernden Alginatmoleküle gleiten nach und nach voneinander ab und der Tropfen löst sich. Abgeplattet trifft er auf die Oberfläche des Calziumbads. Dort beginnt sofort die Vernetzung durch die Calziumionen (siehe Theorie, Seite 61). Auf der Oberfläche des Tropfens bildet sich eine elastische Haut, die Oberflächenspannung formt eine Kugel, also jene Form, die bei vorgegebenem Tropfenvolumen die minimale Oberfläche aufweist. Dies gelingt nur, wenn die Vernetzung nicht zu schnell vonstatten geht. Die richtige Balance zwischen Alginatkonzentration und Calziumionen muss ausgewogen sein. Damit die Kügelchen nicht komplett durch vernetzen, müssen sie rasch abgeschöpft werden.

Grüne Schokoladensauce auf Bananen

Für 4 Personen

100 g	weiße Schokolade
50 ml	Sahne
40 ml	Kürbiskernöl
1 g	Puderzucker
2	Bananen

Die weiße Schokolade im Wasserbad langsam erwärmen und mit Sahne verfeinern. Das Kürbiskernöl einrühren und den Puderzucker unter Rühren hinzufügen. Die Emulsion beiseite stellen und abkühlen lassen. Die Soße muss 30 °C haben, damit sie noch flüssig ist.
Zum Anrichten die Bananen schälen und in Stücke schneiden.
Die warme Grüne Schokoladensauce nach Belieben über den Bananen verteilen.

Bei dieser Sauce kann die gewünschte Konsistenz über Öl und Sahne reguliert werden. Die weiße Schokolade – ihr Fett besteht aus reiner Kakaobutter – ist bei Zimmertemperatur immer fest, das Kernöl, aufgrund seiner ungesättigten Fettsäuren, immer flüssig. Damit die Sauce sich bei Tisch nicht verfestigt, also die Fettkristalle der Kakaobutter jeglichem Fließen Einhalt gebieten, muss dies verhindert werden. Da sich verschiedene Fette im flüssigen Zustand immer mischen, hilft das Einrühren von Öl. Die Wahl fiel hier auf das Kürbiskernöl. Dessen Röstaromen, die von dem Rösten der Kürbiskerne stammen, fügen sich zur weißen Schokolade, der die Röstaromen der Kakaobohnen fehlen, wundersam ein. Sie sind von gänzlich anderer Natur, sodass die Sauce von beiden Aspekten gewinnt. Ganz zu schweigen von der ungewohnten Optik. Die Sahne ist nicht unbedingt notwendig, sie kann aber helfen, die für manche Geschmäcker als zu intensiv empfundenen Aromen abzumildern. Dasselbe Prinzip funktioniert mit dunkler Schokolade und Olivenöl. Dies ergibt herrliche Saucen, die nicht nur im Dessertbereich (etwa auf Orangenbasis) gut funktionieren, sondern auch bei Fleischgängen.

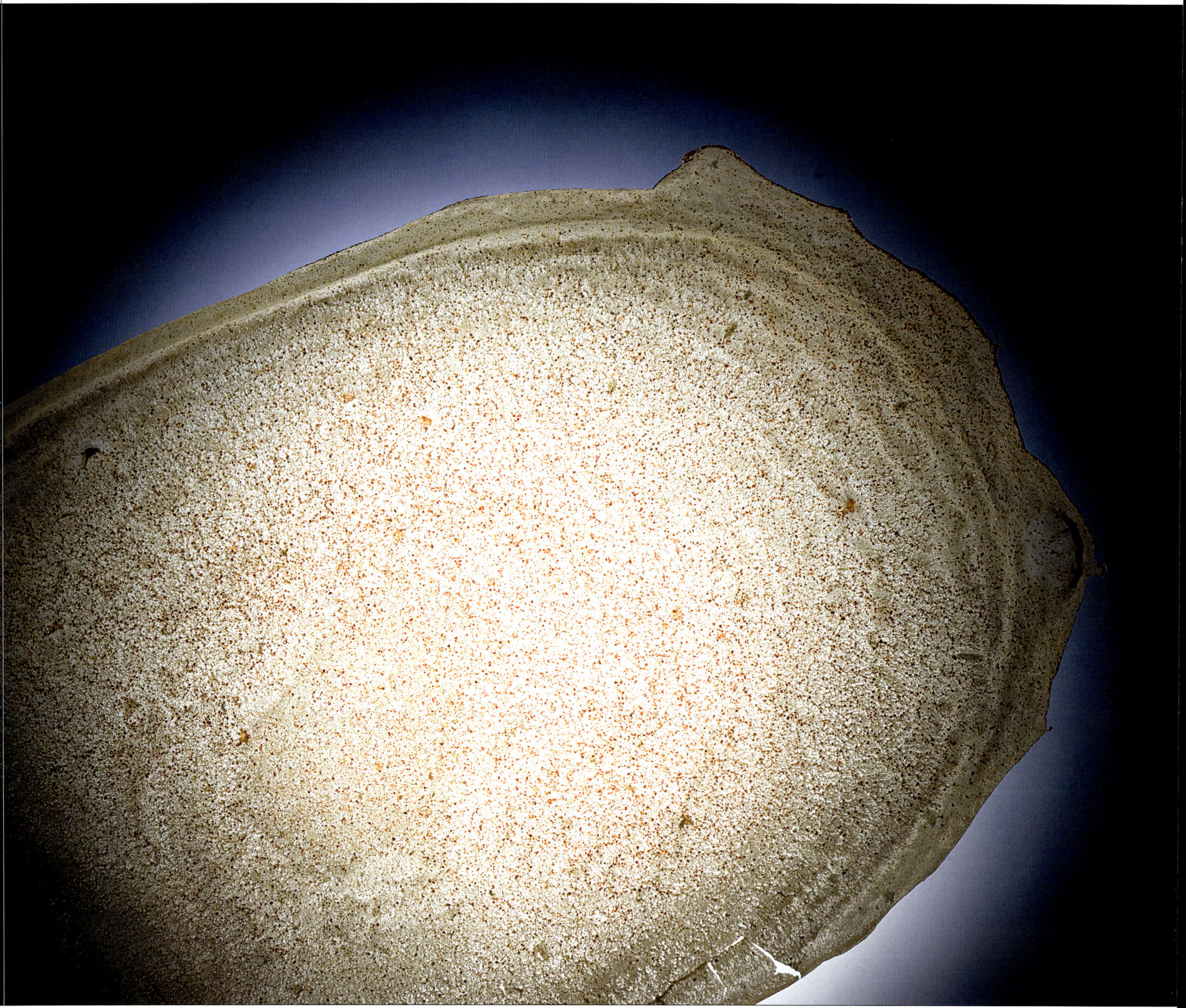

Modifizierte Cellulose

Papier besteht unter anderem aus Cellulose, eine weitere Klasse natürlicher Polysaccharide, aus denen Pflanzen ihren Schutzschild bauen. Im Allgemeinen sind Celluloseverbände wasserunlöslich, was von der Natur so gewollt ist. Schließlich dürfen sich Grashalme, Blumen oder die Hüllen von Getreidekörnern nicht beim erstbesten Regen auflösen. Allerdings wäre es für manche Zwecke erstrebenswert, Cellulose für Wasser empfänglicher zu gestalten. Sie könnte so als Verdickungsmittel oder wasserlöslicher und unschädlicher Klebstoff agieren. Wasserlösliche Cellulosen gibt es zuhauf (E 460–E 466). Dazu wird natürliche Cellulose chemisch modifiziert, etwa bei Methylcellulosen (E 461).

Die langen Cellulosemoleküle werden so modifiziert, dass sie sich nicht mehr so eng zusammenlagern können und dabei sofort wasserunlöslich werden. Methylgruppen (CH_3, also aus Kohlen- und Wasserstoff bestehende Molekülgruppen) beispielsweise fungieren als „Abstandhalter“, und schon lösen sich die modifizierten Cellulosen in Wasser – abhängig von Methylisierungsgrad und Molekülgröße mal recht und mal schlecht –, allerdings nur, solange das Wasser kalt ist. Bei höheren Temperaturen bewegen sich die Moleküle schneller, können sich an den Methylgruppen zusammenlagern und neue Strukturen bilden. Ab 50 - 60 °C verbinden sich die fadenförmigen Moleküle zu einem Netzwerk und können gelieren. Für die Molekularküche ein willkommenes Verhalten: Heiße Gele und heiße Schäume lassen sich herstellen, die zwischen Zunge und Gaumen auf 37 °C abgekühlt werden, dabei ihre Festigkeit verlieren und schmelzen. Das heiße Eis ist geboren, auch wenn dieser Begriff den physikalischen Nagel nicht auf den Kopf trifft.

Diese modifizierte Cellulose kann in der Küche wieder zu dem gemacht werden, für das sie ursprünglich stand: knuspriges essbares Papier. Rinderpapier zum Beispiel. Wie? Ganz einfach: Eine kräftige, aber entfettete Rinderbrühe mit Methylcellulose auflösen und noch etwas nachwürzen – warum nicht mit einem Hauch Wasabi? Damit sich die Celluloseklümpchen gut lösen, das Ganze im Kühlschrank über Nacht stehen lassen. Am anderen Tag die dicke Suppe auf eine Silikonmatte kippen und ein paar Stunden bei 40 °C im Backofen trocknen. Es bildet sich ein dünner knuspriger Film. Wenn Sie keine Lust auf Tafelspitzfolie haben: dies lässt sich mit vielen anderen Brühen veranstalten.

Nur zuviel Zucker oder ätherische Öle dürfen nicht enthalten sein. Derartige Weichmacher gehen zu Lasten der Konsistenz. Wer auf klebrige Filme steht, mag dieses Trocknungsexperiment mit zuckerhaltigen Getränken und Säften wagen.

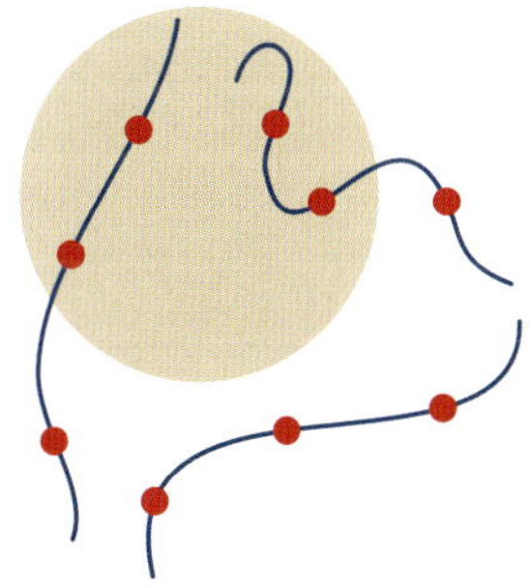

Kalt

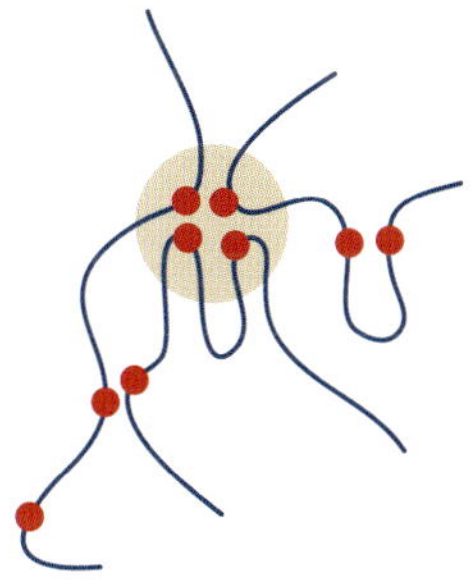

Warm

Methylcellulose ist eine modifizierte Pflanzencellulose. Cellulose ist nicht wasserlöslich, da sich die Moleküle (wie in den Pflanzenzellen) zu harten Verbünden zusammenlagern. Die Modifikation durch Methylgruppen (schematisch durch die roten Punkte dargestellt) - so nennt man in der Chemie kleine Molekülgruppen aus einem Kohlenstoff und drei Wasserstoffatomen (CH_3) - wird dieses Zusammenlagern verhindern. Ab ca. 50 °C lagern sich allerdings die Methylbausteine zu großen Verbänden zusammen. Es bilden sich so weiche heiße Gele, deren Wasserbindungsvermögen allerdings begrenzt ist.

Die grafische Darstellung zeigt, wie sensibel die Gelierfähigkeit und die Geleigenschaften bei Methylcellulose von den molekularen Parametern abhängen. Vor allem die Anzahl der Methylgruppen und deren Abstand entlang der Cellulosekette bestimmt die Geleigenschaften. Ebenso beeinflussen Salze, Proteine etc. die Stabilität der heißen Gele. Die Kenntnis der molekularen Parameter der modifizierten Cellulose ist also unabdingbar.

Es gibt natürlich auch noch andere modifizierte Cellulosen, die in der Nahrungsmittelindustrie und der molekularen Küche ein Rollen spielen. Deren Wirkungsweise ist allerdings ähnlich.

***Wichtig:** Um die modifizierte Cellulose gut mit Wasser zu verbinden, muss die Lösung einige Stunden kalt gestellt werden.*

Grundmayonnaise aus Eiklar und Olivenöl

Für 2 Personen

1	Eiklar
	Salz
200 ml	Olivenöl

Das Eiklar leicht mit dem Mixer auf-, aber nicht steif schlagen und salzen. Das Olivenöl in einem feinen Strahl zugießen und auf höchster Stufe weiter schlagen, bis eine cremige Masse entsteht.
Die Creme ist von der Struktur her „gel-artiger" als die klassische Mayonnaise mit Eigelb, aber sehr standfest. Der Geschmack wird vom Olivenöl dominiert, daher kann auch diese Mayonnaise durchaus Verfeinerung vertragen: etwas Zitronensaft, Knoblauch, aber auch Senf usw.

Diese Art von Mayonnaise ist ein typisches Beispiel aus der Physik der Proteine. Viele Proteine, vor allem die Albumine, sind die besten und effektivsten Emulgatoren. Keine Sauce, keine Schlagsahne würde es geben, wenn nicht Proteine an deren Stabilität entscheidend mitwirkten. Diese Stabilität kann auch an der Stabilität des Eischnees genauer betrachtet werden (siehe Proteine Seite 113). Die langen Proteine legen sich um die Luftbläschen, entsprechend der hydrophilen und hydrophoben Aminosäuren. Gleichzeitig ziehen sich lange Moleküle immer möglichst weit zusammen. Aus diesen Gegensätzen entstehen bevorzugt kleinere Bläschen, die mehr Stabilität haben.

Die Eiklar-Öl-Mayonnaise ergibt ein ähnliches physikalisches Bild. Das Eiklar liefert die Wasserphase und die grenzflächenaktiven Substanzen in Form von Eiweißen, das Öl die Fettphase: Beim Schlagen erhält man eine Wasser-in-Öl-Emulsion. Die Elastizität wird durch das Proteinnetzwerk erreicht. Die vielen Proteinketten bilden mitunter kleine Netzwerke.

Das leichte Aufschlagen des Eiklars ist notwendig, um die Proteine zu entfalten, um so ihre Grenzflächenwirkung besser zu aktivieren.

Wie gut dies funktioniert, lässt sich an den Mikroskopaufnahmen bestens erkennen. Die fein verteilten Tröpfchen lassen auf eine hohe Stabilität schließen. Physikalisch ist diese Mayonnaise nichts anderes als ein Schaum, dessen Luftbläschen mit Öl gefüllt sind. Das kann auch „graduell" geschehen. Dazu den Eischnee ohne Öl schlagen und nur soviel Öl zugeben, dass die Schaumstruktur noch bestehen bleibt, es aber schon deutlich nach Olivenöl duftet. Dieser Olivenöl getränkte Schaum ist sehr stabil und kann zu verschiedenen Gerichten als luftige Beigabe serviert werden.

Stoffklasse	Anzahl
Kohlenwasserstoffe	49
Alkohole	34
Aldehyde	26
Ketone	29
Carbonsäuren	62
Ester	39
Lactone	6
Ether	4
Schwefelverbindungen	23
Phenole	9
Furane	27
Acetale	7
Nitrile und Amide	7
Amine	41
Pyrrole	16
Pyridine	16
Pyrazine	94
Oxale	16
Epoxide, Pyrone, Coumarine	6
andere	16

Scharfe Schokolade – Molekülmosaik: Kakaoaromen (weiß) ergänzen sich molekular und auf der Zunge mit Pfeffer- und Chilliaromen (gelb)

Schokolade mit Fleur de Sel/Aromen

Experimentieren Sie einmal mit Schokolade und Fleur de Sel. Dieses feine Salz aus der obersten Schicht der Salzgärten schmeckt besonders intensiv und ist reich an Mineralien. Es bewährt sich bestens für diverse höchst einfache Geschmacksexperimente: Schokolade mit etwa 70 % Kakaoanteil langsam im Wasserbad aufschmelzen und – je nach Geschmack und Gefühl – Fleur de Sel dazustreuen. Gut durchmischen, damit sich das Salz gleichmäßig in der Schokolade verteilt. Natürlich werden sich die Salzkristalle in der fettreichen Umgebung nicht auflösen, das ist ja aber auch der Sinn der Übung. Die flüssige und gesalzene Schokolade dünn auf ein Backpapier streichen und erkalten lassen.

Geschmacksparameter: Temperatur + Salzkristallgröße

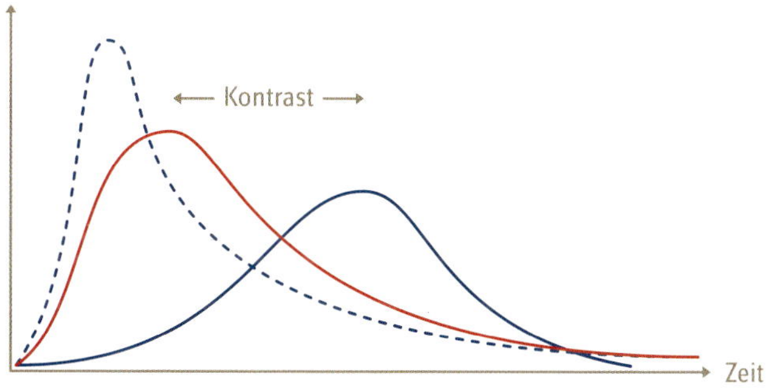

Angesprochene Rezeptoren: bitter - salzig - Röstaromen
Schmelzen von Kristallen (Schokolade): Temperatur
Lösen von Ionenkristallen (Fleur de Sel): Wasser/Speichel
Gestrichelte Linien: Sensorische Veränderung des Kontrastes mit der Kristallgröße

Schokolade und Salz? Ist das nicht ein Widerspruch? Nicht ganz, denn es gibt gleich zwei verbindende Elemente. Zum einen die geschmacklichen, denn Schokolade strotzt nur so von Röstaromen, also chemischen Verbindungen, die sich auf den Röstprozess der Kakaobohnen zurückführen lassen. Und das Salzen von gerösteten Speisen, etwa die Weihnachtsgans mit Kruste, ist nichts Aberwitziges. Schon aus diesem Grund ist die Verbindung Salz und Schokolade nichts Außergewöhnliches. Das zweite verbindende Element ist ein strukturelles: Sowohl Schokolade als auch Salz besteht aus Kristallen, die im Mund zerfallen, die Zunge benetzen, dabei ihre Aromen freigeben und die dafür empfänglichen Rezeptoren in Mund und Nase reizen – allerdings auf vollkommen unterschiedliche Weise. Die Kristalle der Kakaobutter schmelzen im Mund bei 28-33 °C. Die Salzkristalle hingegen lösen sich in Wasser, also Mundspeichel, auf und zerfallen in ihre ionischen Bestandteile Natrium, Chlor und andere Mineralien, die sich im Fleur de Sel außerdem befinden.

Das unterschiedliche Auflösen der Kristalle, einmal in der Art des physikalischen Prozesses sowie durch deren verschiedene Größe, liefert zwar ungewöhnliche, aber sensorisch korrekte Geschmackssensationen. Sie lassen sich etwa als dünne Schokoladenblättchen in Ihren Desserts einsetzen – oder einfach so zum Naschen.

Warme Schäume mit Sahne und Schokoladenravioli

Für 4 Personen

Schokoladenravioli:

100 g	Mehl
1	Ei
50 ml	Milch
	Salz
50 g	ungesüßtes Kakaopulver
100 g	Orangenmarmelade
10 g	Glucosesirup (Bäcker)
2 g	Guarkernmehl (Drogerie oder Biozoon)

Bananenfüllung:

5 g	Methylcellulose (Biozoon)
100 ml	Wasser
80 g	Banane
5 g	Fructose
20 g	kandierter Ingwer
1	Ei
100 g	Zucker

Sauce:

100 ml	Sahne
50 ml	Milch
10 ml	Fleur d'Oranger
	Zucker nach Geschmack

Schokoladenravioli

Aus Mehl, Ei, Milch, Salz und Kakaopulver einen Pastateig kneten und mit einer Nudelmaschine oder einem Nudelholz flach und dünn ausrollen. Kleine Teigtaschenrohlinge (Ravioli) ausstechen.

Für die Orangenfüllung Marmelade, Glucosesirup und Guarkernmehl miteinander verrühren, bis eine relativ zähflüssige Masse entsteht.

Bananenfüllung

Für die Bananenfüllung bedarf es zuvor eines Ansatzes von 5 g Methylcellulose auf 100 ml Wasser. Diese Präparation kann schon einige Stunden zuvor bereitet und kühl gestellt werden. Die Methylcellulose trübt das Wasser milchig ein und lässt es zäh werden. Von den 100 ml werden etwa 20 ml gelöste und kalte Methylcellulose benötigt. Zu den 20 ml Methylcellulose werden Banane und Fructose gegeben. Die Zutaten werden gut gemischt und kalt gestellt. Den Ingwer in kleine Würfel schneiden und zur Bananenfüllung geben.

Die Fruchtmischungen auf die Teigtaschenrohlinge geben und die Ränder mit Ei bestreichen. Die Teigtaschen zusammenklappen und fest andrücken. Den Zucker in das Kochwasser der Ravioli geben und 7-10 Minuten leicht kochend garen.

Sauce

Die Zutaten schonend erwärmen und mit einem Handmixer schaumig aufschlagen. Die Kakaoravioli mit der Sauce überziehen und servieren.

Geschmack und physikalische Parameter bei Gelen

Kappa - Schaumgel

Temperaturbereich 40 °C - 60 °C

Sinfonie en gel

Physik Hollandaise – Emulsionsphysik

Physik Hollandaise

Rindertournedos mit Foie-gras-Sauce

Kulinarische Gewürztransformation und molekulares Würzen

Agar
Kappa

Gelan
Iota

Geschmack und physikalische Parameter bei Gelen

Struktur und Geschmack bei gelierten Essenzen: Das ist die entscheidende Beziehung für das kulinarische Wohlbefinden. Im Unterschied zu den geschmacksbestimmenden Parametern Temperatur und Molekülbeweglichkeit in Fluiden reduziert der Aggregatzustand bei schnittfesten Gelen die Molekülbewegung auf ein Minimum um ihre Gleichgewichtslage. Anders ausgedrückt: Bei den meisten Gelen bewegen sich die Moleküle nicht oder lediglich sehr eingeschränkt. Gele sind physikalisch gesehen so genannte Festkörper. Sie fließen nicht und setzen daher – im Vergleich zu ihrer flüssigen Phase – weniger Geschmack frei und müssen stärker gewürzt werden. Identische Flüssigkeiten mit unterschiedlichen Geliermitteln setzen ihren Geschmack auf eine vollkommen unterschiedliche Weise frei: Sie schmecken mal mehr, mal weniger intensiv. Vom Eigengeschmack der Geliermittel kann dies kaum kommen. Da aber alle anderen Würzkomponenten gleich sind, kann die Ursache nur in den physikalischen Eigenschaften der Gele selbst liegen, etwa wie sie zwischen Zunge und Gaumen brechen.
Tatsächlich muss in Gelen der Geschmack erst frei gesetzt werden, denn er ist ja im Wasser gebunden und das bleibt „eingesperrt" und wird von den langen Kettenmolekülen der Geliermittel festgehalten. Zum Schmecken nimmt man daher erst ein mundgerechtes Stück zwischen Gaumen und Zunge und drückt leicht darauf. Das Gel wird ab einem bestimmten Gaumendruck (der Fachbegriff ist „yield stress") brechen. Dabei bilden sich zunächst Risse, die sich weiter ausbreiten, bis die Gelstücke in immer kleinere Bruchstücke zerfallen und dabei vermehrt Geschmack freisetzen. Natürlich geschieht dies über die Oberflächen der kleinen Gelstücke. Stets spielen zwei Aspekte die entscheidende Rolle: Zum einen liegt das Geheimnis des Geschmacks der Gele in der Art, wie sie brechen, zum anderen in der Anzahl der Bruchstücke, die beim Zerdrücken im Mund entstehen.

Wie kann man also den Geschmack unterschiedlicher Gele in einem Buch fotografisch darstellen? Eine Möglichkeit ist tatsächlich eine gezielte Fotografie der Brucheigenschaften der Gele. Im Folgenden sind verschiedene Gele und ihre Rissbildungen dargestellt – ein Versuch, kulinarische Eigenschaften, jenseits der üblichen Foodfotografie, sichtbar zu machen.
Es ist zu erkennen, wie unterschiedliche Geliermittel auf vollkommen verschiedene Art und Weise brechen und die dabei entstehenden Risse ausbilden. Agar-Agar zum Beispiel (ein trüberes Gel) bricht in einem glatten Riss. Agar-Agar-Hydrogele sind also sehr fest und dabei elastisch, vor allem deshalb, weil Agar-Agar nicht nur aus einem einzigen Molekül besteht, sondern aus zwei Komponenten (Agarose und Agorpektin). Diese Mischform sorgt nicht nur für eine sehr schnelle und effektive Gelierung, sondern auch für dieses sehr ausgeprägte elastische Verhalten, was an dem gebogenen Riss zu erkennen ist. Der Riss sucht sich über die Elastizität seinen Weg, der von der zu erwartenden Bruchlinie abweicht. Agar-Gele haben übrigens, wenn zuviel Geliermittel zugesetzt wurde, eine unangenehme Konsistenz. Zur Gelierung verschrauben sich verschiedene Kettenmoleküle stückweise zu Helices, die sehr stabil sind und nur bei großer Hitze (ab ca. 95 °C) wieder aufgelöst werden können.
Gelan bildet klare, durchsichtige Gele, ebenfalls mit sehr guten elastischen Eigenschaften, die allerdings nicht so ausgeprägt sind wie die des Agars. Der Riss folgt ohne allzu starke Abweichung dem vorgegebenen Weg, also mit nur leichter Biegung nach unten. Wie beim Agar ist die Rissspitze deutlich ausgeprägt. Dass Gelan keine starke Eintrübung aufweist, liegt zum einen an seiner chemischen Molekularstruktur, zum andern daran, dass es lediglich aus einer Molekülsorte besteht, die homogener geliert. Salze und Säuren, also Ionen, schränken die Gel-Bildung ein, denn die Netzwerkentwicklung wird wegen der Abstoßung der Ladungen stark eingeschränkt.
Das Kappa-Carageen liefert brüchige Gele, die den Geschmack früher und intensiver freisetzen. Der Riss zeigt in der Spitze eine unregelmäßige Struktur, was auf ungeordnete Rissbildung hindeutet. Auch hier behindern Ionen (vor allem Säuren über die Wasserstoffprotonen) eine gute Gel-Bildung.
Iota-Carageene bilden sehr weiche, elastische Gele. Der Riss heilt in der Spitze wieder aus. Das liegt zum einen an der extrem lockeren Struktur, zum anderen an dem hohen Anteil der nicht vollständig in das Gel-Netz eingebundenen Kettenmoleküle, die in dem Gel mehr oder weniger frei diffundieren und den Riss leicht wieder verkleben können.

Kappa - Schaumgel

Für 4 Personen

30 g	Birne
100 ml	Wasser
100 g	Glucosesirup (Bäcker)
1 Msp.	gemahlene Nelken
1 g	Kappa-Carageen (Texturas)

Die Birne in Würfel schneiden. Wasser, Birnenwürfel und Glucosesirup miteinander verrühren, erwärmen und mit Nelke verfeinern. Den Sud etwa 10 Minuten köcheln lassen. Die Birnenwürfel beginnen unter der Hitzeeinwirkung zu schrumpfen und geben Flüssigkeit ab. Den Birnensud eine Stunde lang abkühlen und ziehen lassen und dann über ein engmaschiges Sieb abgießen. Nochmals erwärmen und das Kappa mit einem Schneebesen einrühren, bis es zur Schaumbildung kommt. Im kalten Wasserbad weiter schlagen, um die Bläschenstruktur zu erhalten.

Der Vorgang des Schlagens ist bis zu dem Zeitpunkt, an dem die Gelstücke aufbrechen, abgeschlossen.

Die Verwendung der Gelstücke ist vielseitig. Sie sind sehr temperaturstabil (bis 70 °C) und können zum Beispiel auf warmen Speisen, etwa Fleisch, gereicht werden. Sie sorgen für eine „brüchig-elastische Komponente" und somit für einen kleinen Überraschungseffekt beim Genuss.

Sinfonie en gel

10	getrocknete Rosenblüten
100 ml	Wasser
10 ml	Rosenwasser
400 ml	Milch
100 g	gemahlene Mandeln
1 g	Kardamomsamen
55 g	Zucker
3 g	Agar-Agar

Physikalische Variante:

600 ml	Wasser
70 ml	Veilchensirup (farbliche Komponente)
2 g	Carragen (Iota) auf 150 ml Wasser (Biozoon)
2 g	Kappa (Biozoon) auf 150 ml Wasser
2 g	Agar-Agar (Biozoon) auf 150 ml Wasser
2 g	Gelan (Biozoon) auf 150 ml Wasser

Die Rosenblüten in das Wasser geben, kurz aufkochen und dann 1 Stunde ziehen lassen. Es ist wichtig, dass die Blüten mit Flüssigkeit bedeckt sind, damit das sehr flüchtige Aroma der Rosen im Wasser gebunden bleibt. Möglicherweise muss – z. B. mit Rosenwasser oder 1-3 Blüten mehr – nacharomatisiert werden.
Die Milch mit Mandeln, Kardamom und 10 g Zucker kurz aufkochen und durch ein Sieb mit Tuch passieren und auspressen. So wird etwa 200 ml reiner Sud gewonnen.
Den Rosensud über einem Sieb auffangen und mit dem Milch-Mandel-Sud vermischen. Das Agar-Agar und den restlichen Zucker unterrühren und kurz erwärmen. In Förmchen gießen und abkühlen lassen. Zum Anrichten die Förmchen kurz in heißes Wasser tauchen, etwas vom Rand lösen und stürzen.

Bruch, Physik und Geschmack:
Wie schmeckt man die unterschiedliche Molekularstruktur von Hydrogelen?
Es werden vier verschieden Ansätze vorbereitet. Alle werden kurz erwärmt und aufgelöst. Die Lösungen in Förmchen füllen und im Kühlschrank abkühlen und gelieren lassen. Die unterschiedliche Transparenz und Konsistenz (Bissstärke) der verschiedenen Ansätze sind typisch und der eigentliche Reiz der Sache.
Neben dem Anrichten der erstarrten Lösungen kann im Zentrum dieser Strukturen noch ein Klecks der ausgepressten Mandelmasse als Blickfänger und süße Ergänzung fungieren.

Hier werden verschiedene Bindungen vorgeschlagen, die unterschiedliche sensorische Eigenschaften haben. Die Wirkungsweise der verschiedenen Geliermittel wird dabei ebenso deutlich wie die physikalischen Eigenschaften der Gele. Beim Carrageen (Iota) sind die Geliereigenschaften durch einen hohen Bestandteil noch nicht vernetzter Kettenmoleküle bestimmt, daher wird das Gel sehr weich und Bruchstellen können wieder ausheilen.

Beim Kappa (E 407) bildet sich die Gelphase rasch und bleibt sehr stabil. Bei sauren Flüssigkeiten ist die Gelierung jedoch sehr eingeschränkt.

Agar-Agar ist der Klassiker und bildet immer feste, elastische Gele, die eine hohe Säure- und Hitzestabilität aufweisen.

Physik Hollandaise – Emulsionsphysik

Die Hollandaise kann ohne weiteres als warme Mayonnaise bezeichnet werden. Zutaten und Zubereitung erinnern sehr an Mayo, Aioli und Co. Nur bittet der Koch bei der Hollandaise die Proteine des Eigelbs um ihre Mitwirkung, indem er die Sauce erwärmt. Allerdings nicht zu sehr, sondern lediglich sanft und nicht mehr als 68 °C. Deshalb das Wasserbad. Beim Schlagen des Eigelbs mit dem Wasser und der Säure des Zitronensafts wird eine Öl-in-Wasser-Emulsion erzeugt. Das Fett des Eigelbs wird dabei im Wein oder der Reduktion fein verteilt. Dies passiert überhaupt nur, weil das Eigelb einen erheblichen Anteil an Lecithin bereitstellt. Dieses Molekül besitzt zwei Teile: einen wasserliebenden Kopf und einen fettliebenden Schwanz. Also strecken sie ihre Köpfchen in die Wassertröpfchen; ihre Schwänze hingegen ragen ins Öl. So entstehen kugelige, stachelig-haarige Wassertröpfchen, auch „Mizellen" genannt, die sich wegen der abstehenden Stacheln nicht mehr zusammenlagern können und deshalb fein verteilt bleiben.

Da das Gelbe frischer Eier eine erhebliche Menge an Lecithin im Gepäck hat, ändert sich an dieser Situation nichts, sobald die Butter in kleinen Einheiten zugeben wird, vorausgesetzt, die Schlagarbeit lässt nicht nach. Allerdings wird die Emulsion immer dicker, denn die Anzahl der Fettkügelchen nimmt zu und hindert das Wasser am freien Fließen. Bis dahin ist das physikalisch eine Mayonnaise. Im Wasserbad nimmt jetzt die Temperatur zu, auch in der Emulsion. Die Moleküle und Fettkügelchen werden durch die Wärme angeschubst, also schneller, was eigentlich dünnflüssiger bedeutet. Allerdings entfalten sich ab etwa 68 °C Badetemperatur die mitschwimmenden Proteine des Eigelbs. Diese eng gewickelten Proteine falten sich zu langen Fäden auf. Dabei hilft übrigens die Säure des Zitronensaftes kräftig mit. Diese langen Fäden bremsen das Fließen weiter ab, und sobald sie sich gegenseitig zu fassen bekommen, bilden sie ein großes Netz, das alle Fettkügelchen einfängt. Und damit auch den Geschmack, was ja die Hauptsache ist.

Die fertige Hollandaise muss rasch vom Wasserbad genommmen werden, denn bei weiterer Temperaturerhöhung verklumpen die Proteine untereinander und flocken aus. Die Stabilität ist nicht mehr gewährleistet, die Sauce gerinnt.

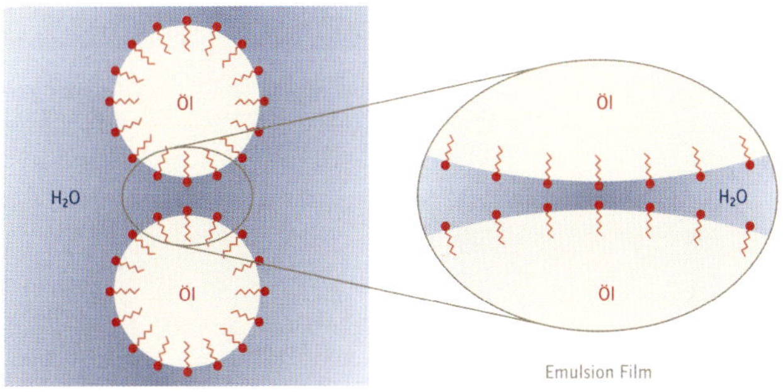

Emulsion Film

Emulsionen Öl in Wasser: Vinaigrette
Wasser in Öl: Mayonnaise, Butter

Die Öltröpfchen emulgieren in Wasser, da die grenzflächenaktiven Moleküle (z.B. Lecithin) verhindern, dass sich zu große Tropfen vereinigen können.
Die Wirkungsweise der Lecithinmoleküle bei Emulsionen entspricht natürlich jener bei den Airs (siehe Grafik Seite 57). Schäume und Emulsionen fallen daher physikalisch in dieselbe Stoffklasse, trotz des verschiedenartig erscheinenden „Aggregatzustands".

Physik Hollandaise

Für 4 Personen

4	Eigelbe
5 ml	Zitronensaft
40 ml	trockener Weißwein
	Salz
	Pfeffer aus der Mühle
1 g	fein gemahlener Koriander
250 g	Butter

Eigelbe, Zitronensaft und Weißwein miteinander verquirlen. Stabile Proteine schließen das Fett der Butter ein.
Salz, Pfeffer und Koriander einrühren. Die Eigelbmischung bei 60 °C langsam im Wasserbad erwärmen und unter ständigem Rühren zimmerwarme Butter zugeben.
Die gewünschte Sämigkeit und Schaumbildung erfolgt nach etwa 10 Minuten Wärme- und Rühreinwirkung.

Ergebnis: Eine köstliche Sauce mit der subtilen Säure der Zitrone!

Molekularer Tipp: Die Butter nicht in flüssiger Form, sondern in kleinen warmen Stücken zugeben. So entsteht der positive Nebeneffekt der Temperaturkontrolle. Die Fetttröpfchen sind bei dieser Technik nicht so großvolumig wie bei höheren Temperaturen, d. h. unter 60 °C hat man einen leichteren Emulgierprozess.

Rindertournedos mit Foie-gras-Sauce

Für 4 Personen

- 50 g rote Zwiebel
- 2 Backpflaumen
- 20 g Gänseschmalz
- 100 ml trockener Weißwein (Riesling)
- 100 ml Geflügelfond
- 10 ml Armagnac
- 80 g Foie gras mi-cuit (oder frische Gänse- bzw. Entenleber)
- Salz
- Pfeffer aus der Mühle
- 4 Rindertournedos (à ca. 150 g; oder Reh- bzw. Hirschfilet)
- 2 EL Rapsöl

Zwiebel schälen und in feine Würfel schneiden. Backpflaumen ebenfalls würfeln. Gänseschmalz in einem Saucentopf zerlassen und die Zwiebelwürfel darin andünsten. Backpflaumen zugeben und leicht karamellisieren lassen. Den Weißwein portionsweise zugießen und immer wieder einkochen lassen. Alles pürieren und mit Geflügelfond aufgießen: die Sauce darf nicht zu dickflüssig sein. Die Sauce wieder erwärmen. Den Armagnac zugießen und weiter einreduzieren. Die Leber in Würfel schneiden und in die Sauce geben. Nochmals pürieren und mit Salz und Pfeffer abschmecken. Die Rindertournedos kurz von beiden Seiten in Rapsöl rosa braten und zusammen mit der Sauce servieren.

Gute Saucen sind stets Emulsionen. Die Bindung erfolgt oft (sofern nicht mit Verdickungsmitteln gearbeitet wird) über feine Wasser-in-Fett-Emulsionen, das heißt, kleine Fetttröpfchen schwimmen in einer wässrigen Lösung. Butter ist dabei natürlich Kandidat Nummer 1. Eine edlere Version ist allerdings die Bindung mit Foie gras mi-cuit oder einem Stück der Terrine aus dem Temperaturbereich 60-80 Grad (eine heißer gegarte Terrine kann sich nicht mehr auflösen und eine Emulsion eingehen). Bei dieser luxuriösen Bindung ist der übliche Ratschlag, die Foie gras bei niedriger Temperatur einzumontieren, allerdings sehr ernst zu nehmen. Das hat weniger mit der Fähigkeit, das Fett entsprechend zu verteilen, zu tun, als vielmehr mit der Schädigung der Struktur der Foie gras. Der Protein-Fett-Verband der Leber, auf den während des Zubereitens der Terrine oder der Mi-cuit höchsten Wert gelegt wird, könnte beim Einmontieren bei zu hohen Temperaturen zerstört werden und damit die Viskosität und ihr thixotropes Fließverhalten auf der Zunge beeinträchtigen. Die Foie gras darf bei lediglich 50 °C langsam mit dem Schneebesen einmontiert werden. Das Ergebnis ist ein unnachahmlicher Geschmack und eine sehr gute Struktur der Sauce.
Auf die Zugabe von Sahne wird hier vollkommen verzichtet. Sahne würde bei der geschmacksintensiven Sauce die Noten der Foie gras stören. Sie kann zwar zur Abmilderung des Foie-gras-Geschmacks beitragen, ist aber aus physikalischen Gründen nicht notwendig.
Diese Sauce kann mit Zugabe von frischen schwarzen Trüffeln geschmacklich aufgewertet werden. Dann sollten allerdings die Pflaumen weggelassen werden. Nimmt man Trüffelkonserven, darf der Trüffelfond einen Teil des Geflügelfonds ersetzen.

Elastopfeffer

Jeder hat schon einmal ein rustikales, archaisches Pfeffersteak in einem Restaurant genossen. Ein Stück Fleisch, versehen mit riesigen Trümmern von zerstoßenem Pfeffersamen. Handfest und wild. Der Pfeffer hart und scharf. Für jeden, der es mag, ein Genuss, für andere sind die Schärfe und die harten Pfefferteile eine Qual. Aber auf Pfeffer zu verzichten muss nicht sein, denn die molekulare Küche bietet durchaus verspielte Alternativen. Dazu braucht man zwar das scharfe Pfefferaroma, aber eben nicht diese harten Pfefferkörner.

Also werden zwei Esslöffel schwarzer und weißer Pfeffer grob zerstoßen und mit 200 ml Hühnerbrühe und 20 ml Olivenöl aufgekocht. Am besten in einem kleinen Schnellkochtopf, denn so lösen sich die Aromen wesentlich besser. Verfahrenstechnisch wird dabei eine Heißextraktion der Pfefferaromen ausgeführt. Die Beigabe des Öl erlaubt nicht nur die Extraktion der wasserlöslichen Aromen, sondern auch die der fettlöslichen Bestandteile, also gerade das Piperin, das die Schärfe des Pfeffers mit verursacht. Nach spätestens 10-15 Minuten kochen unter Hochdruck – die Temperatur erreicht dabei etwa 120 °C – ist diese Aktion abgeschlossen. Der Sud kann abgegossen und durch ein feines Sieb gestrichen werden. Es ist bereits eine Emulsion entstanden (wenn auch nicht hundertprozentig stabil), denn einige der extrahierten Bestandteile agieren als grenzflächenaktive Moleküle, die das Öl in der Wasserphase gut verteilen.

Dieser Sud wird noch einmal leicht erhitzt. Dann wird die erforderliche Menge an Geliermittel (am besten eines, das für brüchigere Gele sorgt, wie Kappa-Carageen oder Gelan) darin gelöst. Mit dem Schneebesen gut durchrühren und dabei schon abkühlen lassen. Die Öltröpfchen werden vollkommen emulgiert und binden sich in das entstehende Gel ein.

Dieses Gel lässt sich in kleine Stücke schneiden, die als elastisches brüchiges Gewürz dienen können. Besser wäre es, das Gel in flüssigen Stickstoff zu tauchen, glasig erstarren zu lassen, und mit einem Platteur zu Splittern zu zerschlagen. Diese Geltrümmer bieten einen intensiven Pfeffergeschmack und somit eine kleine Überraschung auf gebratenem Fleisch. Selbst wenn sie wieder warm und elastisch werden, macht die ungewöhnliche Textur aus einem banalen Pfeffersteak etwas Neues und Außergewöhnliches.

Es muss natürlich nicht nur Pfeffer sein, fast jede Kombination lässt sich auf diese Weise behandeln. Für die Rotbarbe beispielsweise empfiehlt sich Fischfond, Orangensaft, etwas Olivenöl und vor allem Baies roses – oder etwas Vanille. Oder: Kokosmilch, Kurkuma, Kardamom und etwas Chili als Elastogewürz für das Fischgericht mit einem Hauch von geliertem Kerala.

Dieses Experiment lässt sich mit verschiedenen Geliermitteln durchführen. Es ergibt dann immer wieder andere, spannende Nuancen.

Im kleinen Schnellkochtopf, also unter Druck und höherer Temperatur, geht die Extraktion der Aromen schneller und effektiver vonstatten als mit herkömmlichen Methoden. Da überdies auch kaum Dampf entweicht, bleiben die Aromen, wo sie hingehören: In der Emulsion, die anschließend geliert wird.

Süß-saures Birnenkompott

Îles flottantes – Ei-Schaum

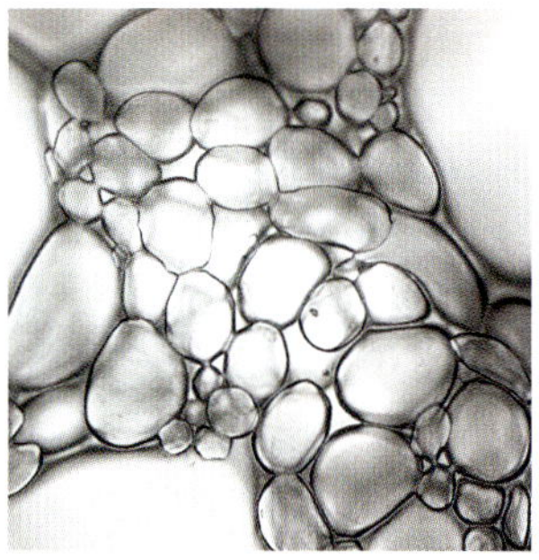

Molekulare Aspekte des Ei-Schaums

Trüffel-Brouillade

Cremes und Legierungen

Terrine de foie gras

Temperaturbereich 60 °C - 70 °C

Leberpraline

Molekulare Aspekte der Leberpraline

Garen bei 60 °C

60-Grad-Schweinefilet im Wasserbad

Proteine und ihre Eigenschaften im Eiklar

Süß-saures Birnenkompott

Für 4 Personen

200 ml	roter Portwein
3	Zimtstangen
60 ml	dunkler Balsamico-Essig
1 g	Guarnkernmehl (Apotheke oder Biozoon)
120 g	Fructose
300 ml	Wasser
2 g	Kardamomsamen
10 Stk.	Kubebenpfeffer (Gewürzhandel)
300 g	Birnen

Für die Portwein-Balsamico-Reduktion den Portwein mit den Zimtstangen aufkochen und auf die Hälfte einreduzieren lassen. Die Zimtstangen entfernen, den Balsamico-Essig zugeben und weiter leicht einkochen. Das Guarnkernmehl unterrühren und bei 70 °C halten, damit eine sirupartige Konsistenz entsteht.
Fructose und Wasser sirupartig einkochen. Kardamom und Pfeffer mörsern, in einen Teefilter geben und diesen zur Aromatisierung etwa 5 Minuten im Sirup mitkochen. Die Birnen schälen, Kerngehäuse entfernen und würfeln. Die Birnenwürfel zugeben und etwa 3 Minuten darin ziehen, aber nicht zerfallen lassen. Die Birnen absieben, den Sirup auffangen, zu der Balsamico-Reduktion geben und nochmals erwärmen. Die Birnenstücke zugeben, vorsichtig durchrühren, damit alle Birnenstücke gleichmäßig von der dunklen Reduktion überzogen werden. Bis zum Servieren auf 70 °C halten. Auf einem Löffel oder einem kleinen Teller mit Vertiefung servieren.

Das Guarkernmehl besteht aus einem trickreichen Polysaccharid. Dessen Bindungseigenschaften sind vom Säuregrad, also pH-Wert, nahezu unabhängig. Daher lassen sich auch Saucen oder Reduktionen mit einem sehr niedrigen pH-Wert, also hoher Säure, mühelos binden.

Guar-Gum bildet keine festen Gele, daher kann Guarkernmehl zwar als effektives Verdickungsmittel, aber nicht als Geliermittel eingesetzt werden. Allerdings lässt es sich sehr effektiv mit Proteinen zu Cremes verarbeiten, ähnlich wie die althergebrachte Mais- oder Kartoffelstärke. Wie immer ist die Ähnlichkeit der molekularen Struktur der Stärken und Polysaccharide verantwortlich.

Die Balsamico-Portwein-Reduktion folgt einer klassischen Sauce aus der französischen Küche, der so genannten „Gastrique", einer süß-sauren Reduktion von Zucker und Essig, die eine exzellente Grundlage für verschiede Saucen ist. Daher bietet sich auch hier das Guarkernmehl an, denn es bindet, im Gegensatz zu vielen anderen Mitteln, immer gleich stark, egal wie sauer die zu bindende Flüssigkeit ist. Schon mit geringen Beigaben können große Viskositätsänderungen erreicht werden.

Îles flottantes – Ei-Schaum

Für 4 Personen

2	Eiklar
20 ml	Granatapfelsirup
1 l	Milch

Die Eiklar mit einem Stabmixer leicht anmixen. Den Granatapfelsirup dazugeben und schaumig schlagen. Die Milch leicht auf 70 °C erwärmen. Das ist die optimale Temperatur für die Eiweißdenaturierung.
Mit einem Esslöffel aus dem steifen Eischnee Nocken abstechen und vorsichtig für 20–30 Sekunden in die Milchoberfläche eintauchen. Die äußere Eiweißschicht wird durch die Wärmeeinwirkung versiegelt. Es ist notwendig, während die Nocken im Milchbad schwimmen, diese immer wieder vorsichtig mit heißer Milch zu übergießen.
Das Anrichten dieser Nocken kann auf diversen Flüssigkeiten wie z. B. einer Vanillesauce erfolgen. Die zart zergehende Struktur im Mund enthält ein nachhaltiges Säure-Frucht-Spiel.

La mer pour les îles

Jetzt fehlt nur noch der See, auf dem die fest gewordenen Inseln schwimmen sollen. Der Klassiker ist eine Crème Anglaise, oder auf gut deutsch: Vanillesauce. Doch wie immer in der Küche: Der Fantasie sind keine Grenzen gesetzt. Vor allem, weil die Inseln auf vielen Seen schwimmen können und wegen ihrer Schlichtheit relativ anpassungsfähig sind.

Für die Crème Anglaise werden Milch und Sahne aufgekocht und etwas Vanille dazugegeben (Kardamom macht sich in Milch übrigens immer gut), dann wird noch etwas gezuckert und im Wasserbad mit dem Schneebesen Eigelb dazugerührt, bis die Proteine des Eigelbs sich entfalten und die Viskosität der Creme erhöhen. Das Wasserbad ist unerlässlich, denn nur so kommt die Wärme einigermaßen kontrolliert in die Creme. Die Proteinfäden kriegen sich gegenseitig zu fassen und bilden große Verbände, die die Wassermoleküle und das Fett der Sahne am schnellen Aneinandervorbeifließen hindern. Die Creme wird immer zähflüssiger, da sich die Strukturviskosität erhöht. Beim Abkühlen verstärkt sich dieser Effekt deutlich, denn die thermodynamischen „Schubser" werden immer kraftloser, die Molekülbewegung verlangsamt sich.

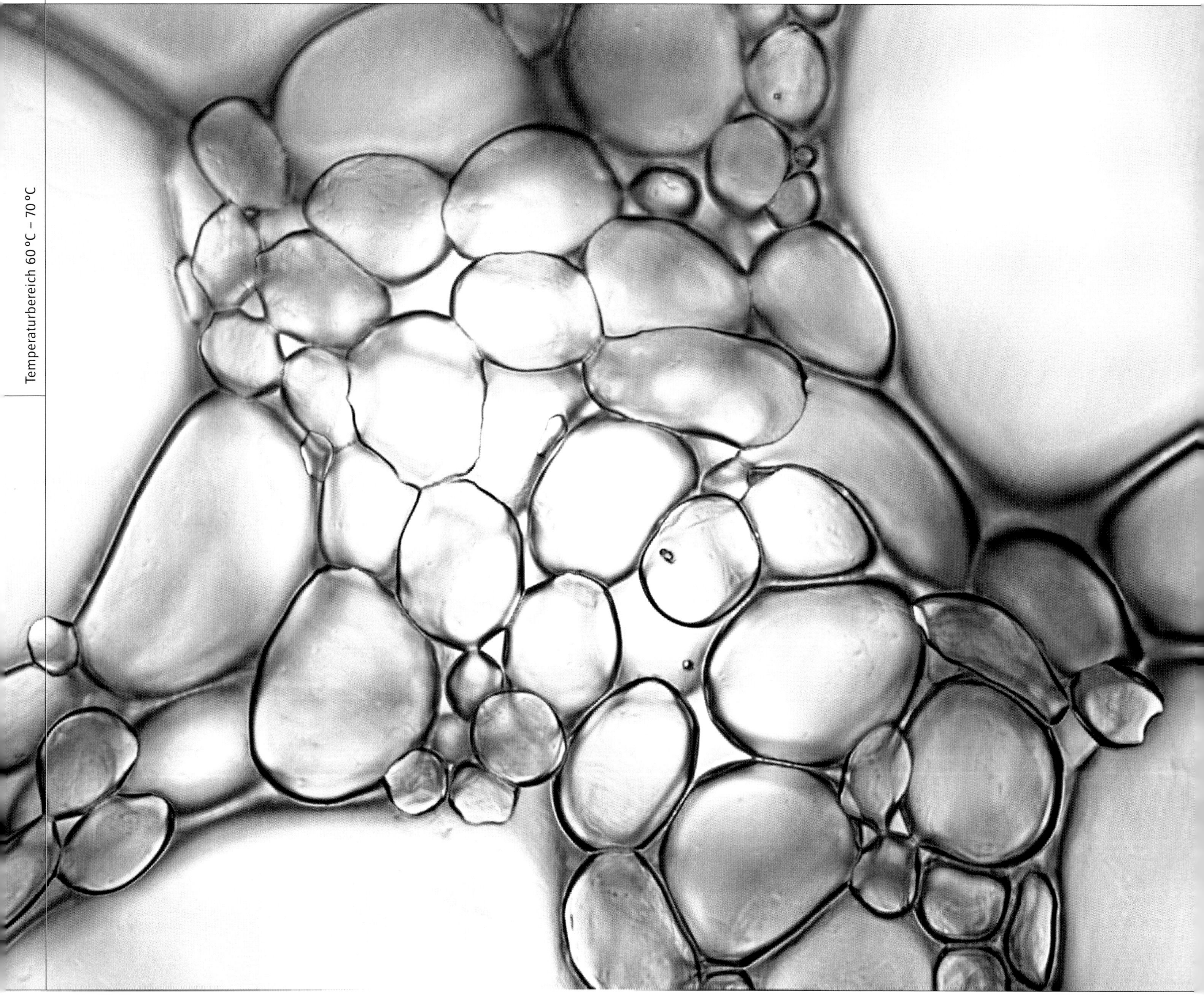

Mikroskopische Aufnahme eines Ei-Schaums.

Molekulare Aspekte des Ei-Schaums

Das Garen der Îles flottantes ist ein Balanceakt zwischen Stabilisieren und Platzen der Ei-Schaumbläschen. Zum einen müssen sich die Proteine des leichten Schaums möglichst rasch verheddern, damit die Nocken formstabil bleiben. Zum anderen sollen nicht zu viele der feinen Bläschen platzen, wenn die Îles in die Milch gegeben werden. Deshalb darf die Milch nicht zu heiß sein, 70 °C reichen vollkommen aus, um den Spagat zwischen Garen und Formstabilität zu gewährleisten. Am Rand der Îles wird man aber einen Soufflé-Effekt kaum verhindern können, denn bei dem raschen Steigen der Temperatur wird sich die Luft in den Randbläschen ausdehnen und sie zum Platzen bringen.

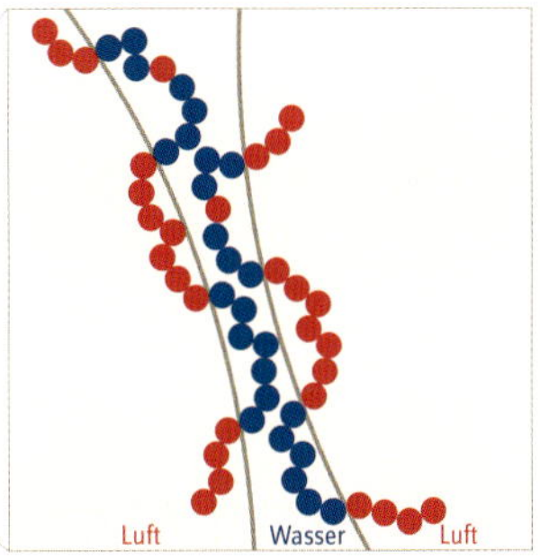

Ei-Schaum

Das Eiklar lässt sich bekanntlich ohne großen Aufwand zu Schaum schlagen. Ein Handmixer, ein Becher und ein Eiklar – und fertig ist der Schaum. Die Physik dazu ist ganz einfach: Der Handmixer schlägt nicht nur Luft in das Eiklar, sondern entfaltet auch entsprechend Proteine. Da diese aus Aminosäuren bestehen, wissen zwar die wasserliebenden Teile der Proteinkette, wo sie hingehören, nämlich in die Wasserwände zwischen die Luftbläschen. Aber den fettliebenden Kettenabschnitten bleibt nichts anderes übrig, als die Luftseite zu wählen, also ragen sie in die Bläschen. Dieses massive Proteingeschlängele an den Grenzflächen bedingt die außerordentliche Stabilität des Ei-Schaums. Würde man immer weiter vergrößern, könnte man erkennen, wie die Bläschen aufgebaut sind. Die feinen Wasserwände an den Grenzflächen mit Luft werden durch Proteine stabilisiert. Dabei tauchen die Proteine die Teile, die das Wasser mögen, in die wassergefüllten Wände. Ihre fettliebenden Teile recken sie in die Luft. Sie schlängeln sich, wie eine Seeschlange, also immer vom Wasser in die Luft, gemäß ihrer Aminosäurenstruktur, der Rot-Blau-Abfolge. Aber viele andere Proteine können das auch. Folglich lässt sich aus vielen Flüssigkeiten Schaum erzeugen. So auch beim Bier. Dort sind es Proteine aus den Getreidezugaben, die sich im Brauwasser gelöst haben.

Theorie Pochieren von Ei-Schaum

Für dieses Dessert soll der Schaum zu festen Inseln gegart werden. Das kann man natürlich in heißem Wasser oder in heißer Milch tun, aber Vorsicht ist geboten. Der Eischnee schwimmt zwar hervorragend auf dem heißen Wasser weil er durch das Polster der hydrophoben Teile der Proteine geschützt ist, aber bei heißer Milch fällt der Eischnee schnell zusammen. So kann sich die Luft in den milchnahen Bläschen ausdehnen und sie zum Platzen bringen. Daher sind die Garzeiten hier extrem kurz. Es ist auch eher ein „Versiegeln" der äußeren Schichten, denn nach 20–30 Sekunden sollte der Vorgang abgeschlossen sein. Dazu muss die Insel auch immer wieder mit heißem Wasser oder heißer Milch übergossen werden.

Experiment

Das Garen der Inseln in der Mikrowelle ist von Vorteil. Die elektromagnetischen Wellen bringen das Wasser in allen Wänden des Eischneebergs zum Verdampfen, und zwar gleichzeitig, da sie durch den Einschnee dringen. Die Wärme wirkt also überall zugleich, die Insel gart gleichmäßig und die störenden Wärmeleitungseffekte spielen kaum eine Rolle.

Trüffel-Brouillade

Für 2 Personen

20 g	schwarze Trüffel
6	Eier
	Salz

Dies ist sicher der einfachste Klassiker, der sich in der französischen Küche in der Kombination Trüffel und Ei findet. Oft als Trüffelomelett bezeichnet, was allerdings nicht ganz korrekt ist, denn ist das Ei erst einmal zum Omelett geworden, ist es zu spät. Die Idee ist, das Ei zu einer Creme zu verarbeiten, deren Konsistenz nur auf Proteineigenschaften beruht.

Den Trüffel in Stifte schneiden. Die Eier mit einem Schneebesen verrühren und leicht salzen. Den Trüffel zum Ei geben und etwa 6 Stunden im Kühlschrank marinieren lassen. Ein Wasserbad auf 70 °C erwärmen. Die Eier-Trüffel-Mischung unter ständigem Rühren über dem Wasserbad zu einer nicht zu festen Creme schlagen.

Auf Tellern anrichten und zusammen mit gebuttertem und mit Salz bestreutem Bauernbrot servieren.

Cremes und Legierungen

Einfach, fast schon trivial, aber eine der elementarsten Disziplinen und physikalisch doch sehr komplex. Diese Übung enthält die Technik für die Herstellung von Cremes und Legierungen. Die Küchensprache verwendet das Wort „legieren", wenn Eigelb im Spiel ist, dessen Proteine zur Bindung herangezogen werden.

Es hat aber auch seine Bedeutung in der Werkstofftechnik, wenn verschiedene (manchmal unverträgliche) Substanzen zu einem neuen Material zusammengebracht werden. Genau das ist hier der Fall. Dabei ist die Temperatur genau zu kontrollieren. Sie darf 65 °C nicht übersteigen, weil sich während des Verdickungsprozesses keine Koagulate bilden dürfen.

Für den Kochprozess selbst sind die Trüffel, siehe Seite 99, nahezu unerheblich. Sie sind Geschmackskosmetik, wenn auch eine sehr exklusive. Von der Zusammensetzung her haben es allerdings die Eier in sich: Sobald ganze Eier verrührt werden, bildet sich ein hochkomplexes physikalisches System, das für viele Zubereitungen in der Küche als grundlegendes Modell verstanden werden kann. Während sich beim Schlagen von reinem Eiweiß die Albumine, also die Eiweißmoleküle, zu langen Ketten entfalten, ist dies hier kaum der Fall. Es bildet sich beim Verrühren eine für das Auge homogene Flüssigkeit, die sich auf molekularer Ebene höchst kompliziert gestaltet. Die unterschiedlichen Proteine des Eiklars und des Eigelbs bilden eine kolloidale, zähe Flüssigkeit, die durch das Lecithin des Eigelbs mit stabilisiert wird. Erwärmt man dieses Ei schnell auf hohe Temperaturen, so sorgen die unterschiedlichen Denaturierungs- und Koagulationstemperaturen der Proteine für das erste Ausflocken der Albumine. Dann erst denaturieren die Proteine des Eigelbs. Die Folge ist der Rühreieffekt: Es befinden sich weiße und gelbe Fetzen im Rührei.

Durch das langsame Erwärmen im Wasserbad und das ständige Rühren lässt sich diese Separation in verschiedene Phasen verhindern. Die Moleküle sind durch die niedrigere Temperatur zum einen langsamer, haben also keine Zeit, sich zu verbinden (es entsteht so eine Creme, kein Rührei). Zum anderen wird durch das Rühren eine Emulsion aus Wasser im Eiklar, aus dem Fett im Dotter und aus den sich teilweise entfaltenden Proteinen gebildet. Die grenzflächenaktive Wirkung von Lecithin und Kephalin spielt die entscheidende Rolle. Die Proteine des Eiklars entfalten sich zuerst, bilden lange Ketten und erhöhen die Viskosität der Creme. Sie legen sich um die noch globulären Proteine des Dotters sowie um die Wasser- und Fetttröpfchen. Bei 65 °C entfalten sich auch die Lipioproteine und erhöhen die Viskosität weiter. Jetzt müssen alle grenzflächenaktiven Komponenten bereits an den richtigen Plätzen sitzen, sodass sich die unterschiedlichen Proteine nicht mehr separieren können.
Die Trüffel-Brouillade muss sofort vom Feuer gezogen und die Pfanne eventuell kurz in kaltes Wasser gesetzt werden, weil durch die Verringerung der thermischen Energie keine Phasenseparation mehr stattfinden kann. Diese Grundregeln gelten für alle Cremes auf Eigelbbasis.

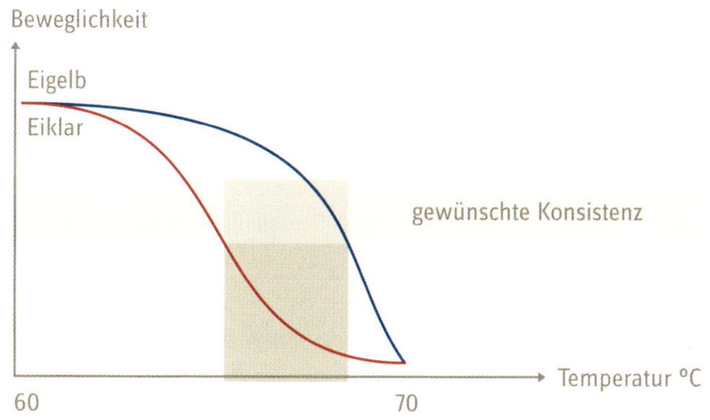

Zusammensetzung des Eiklars und des Dotters

Eiklar: Ovalbumin 55 %, Conalbumin 15 %, Wasser

Dotter: Lipide (Fett): Triglyceride 65 %, Phospolipide 30 % (davon 80 % Lecithin, 15 % Kephalin, 5 % Cholesterol)

Denaturierung Creme

Die Konsistenz der Brouillade wird durch die unterschiedlichen Denaturierungscharakteristiken von Eiklar und Eigelb eingestellt. Eiklar gerinnt ab 60 °C und ist bei 70 °C immobil, Eigelb gerinnt ab 65 °C und ist bei 70 °C immobil.

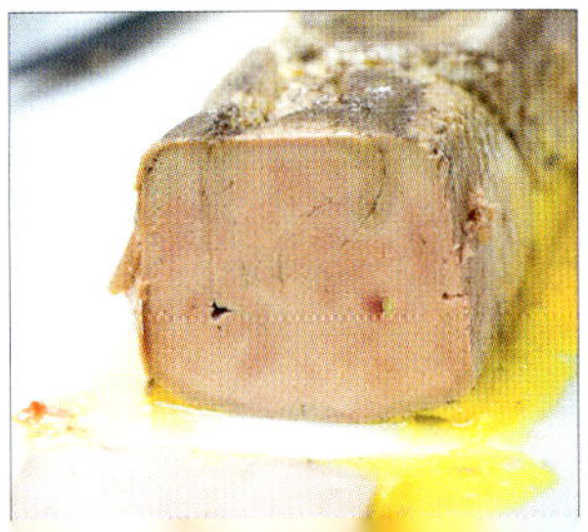

Terrine de foie gras

Für 8-10 Personen

- 2 Gänsestopflebern (à ca. 500 g)
- 10 ml Weinbrand
- 10 ml roter Portwein
- 1 Msp. frisch geriebene Muskatnuss
- 1 Msp. Pimentpulver
- 2 g weißer Pfeffer aus der Mühle
- 5 g Zucker
- 15 g feines Meersalz

Die rohen Stopflebern 1 Stunde in lauwarmes Wasser einlegen. Mit Küchenpapier trockentupfen. Beide Leberlappen separieren. Lebern eventuell von Blutgerinnseln und Nervenzellen befreien.

Für die Marinade Weinbrand und Portwein mischen, Muskatnuss, Piment, Pfeffer, Zucker und Meersalz einrühren.

Die Lebern mit der Marinade bestreichen und etwa 12 Stunden im Kühlschrank unter Luftabschluss marinieren lassen.

Die Lebern in eine Terrinenform geben und 1 Stunde im Wasserbad bei 65 °C erwärmen. Das flüssige Fett setzt sich auf der Oberfläche der Lebern ab.

Die Terrine aus dem Wasserbad nehmen und im Kühlschrank abkühlen lassen. Wichtig: Die Lebern müssen während des Abkühlprozesses und der nachfolgenden Ruhezeit von etwa 6 Stunden im Kühlschrank beschwert werden! Danach können die Gewichte entfernt werden.

Die Lebern müssen nun gekühlt 2-3 Tage ruhen und nachreifen.

Diese scheinbar harmlose Herstellung einer Stopfleberterrine folgt sehr detaillierten wissenschaftlichen Prinzipien, die es sich lohnt genauer zu analysieren. Zunächst ist allerdings ein Blick auf die Morphologie der Leber notwendig.

In der Stopfleber sind die Fette im Vergleich zu den Proteinen in der Überzahl. Daher ist ein sorgsamer Umgang unbedingt notwendig, denn dieses labile Gleichgewicht wird durch zuviel Hitze schnell gestört, und das Fett trennt sich komplett von den Proteinen.

Gut gelungene, in der Pfanne gebratene Stopflebern sind kleine Kunstwerke. Selbst beim Garen der Terrine im Wasserbad tritt mehr oder weniger Fett an die Oberfläche. Um leichte Heterogenitäten auszugleichen, muss die Terrine daher während des langsamen Erkaltens gepresst werden. Erst das Pressen unter Gewicht bringt die gewünschte Konsistenz.

Dabei finden mehrere Prozesse statt. Zum einem werden sich die Fettkristalle umsortieren. Das Fett wird dabei sogar teilweise umkristallisieren. So wird erst der wundersame Schmelz erzeugt. Zum anderen werden noch winzige Luftbläschen entschwinden. Die Leberterrine erhält diese unglaubliche Dichte, die erst beim Zusammenwirken von Mundgefühl und Geschmack zum Ausdruck kommt. So erhält die Terrine ihre feine Konsistenz, und die Fette kristallisieren in kleinen Kristallen, die beim Genuss diesen unnachahmlichen Schmelz erzeugen. Viele der Fettkristalle schmelzen zwischen 20 und 30 °C auf, ein Zeichen für den hohen Anteil der einfach ungesättigten Fettsäuren.

Foie gras und Saucenbindung: Etwa 80 g der unbehandelten Gänsestopflebern abschneiden und mit 100 ml Portwein unter Wärme langsam einschmelzen, nur leicht salzen und pfeffern. Die Flüssigkeit dickt zu einer Sauce ein, eine köstliche Ergänzung für ein Steak oder diverse Wildgerichte. Der Geschmack ist pikant-süßlich und besitzt eine komplexe Note, die mit Wildfleisch optimal harmoniert. Selbst mit rustikaleren Grillnoten lässt sich diese Emulsion paaren. Auch hier liegt der Grund wieder in der Aromenharmonie. Die feine Süße der Leber und des Ports lassen sich mit den kleinen, durch die Maillardreaktion entstandenen Zuckerderivate bestens verbinden. Die Leber bringt also sowohl die Emulgatoren als auch das Fett in die Sauce.

Leberpraline

Für 6-8 Personen

200 g Butter
120 g Gänseleber
1 Eigelb
200 ml Sahne
1 TL Lavendelblüten
Salz
schwarzer Pfeffer aus der Mühle
etwas Öl
2 Feigen
2 EL dunkler Balsamico-Essig
1 TL Olivenöl

Den Backofen auf 65 °C Ober- und Unterhitze vorheizen. Die Butter in einem Topf zerlassen und leicht bräunen. Die Gänseleber mit Eigelb, Sahne und Butter im Thermomix bei 50 °C zu einer glatten Masse pürieren. Die Lavendelblüten zugeben und mit Salz und Pfeffer würzen. Die Lebermasse in eingefettete und mit Frischhaltefolie ausgelegte Förmchen geben. Im Wasserbad im Backofen etwa 60 Minuten garen.

Anrichten

Die Leberpralinen in Würfel schneiden. Die Feigen vierteln und in Balsamico-Essig wenden. Olivenöl dekorativ als Spiegel auf den Tellern verteilen, die Leberwürfel zusammen mit den Feigen anrichten und mit grob gemahlenem Pfeffer bestreuen.

Variante für Leberliebhaber

Für einen intensiveren Lebergeschmack ersetzt man das Eigelb durch 2 g Lecithinpulver.

Molekulare Aspekte der Leberpraline

Hier ist die Reihenfolge besonders wichtig, denn für das Gelingen sind zwei grenzflächenstabilisierende Effekte von Bedeutung. Zum einen wirkt das Lecithin des Eigelbs bindend, wobei die Fett- und Wasseranteile der Pâté zu einer stabilen Emulsion geformt werden. Dabei spielen die Lecithinmoleküle die entscheidende Rolle. Da die Gänseleber (keine Stopfleber) wenig Fett enthält, kommt das meiste davon aus der Sahne bzw. Butter. Es bildet sich also eine hinreichend stabile Fett-in-Wasser-Emulsion, deren Viskosität durch die Eiweiße der Leber ohnehin stark reduziert wird. Die Temperatur ist der entscheidende Balanceakt: sie muss sorgfältig gewählt werden, denn zum einen wird bei höherer Temperatur auch die Eiweiß-Beweglichkeit erhöht, also muss die Temperatur möglichst niedrig sein. Andererseits müssen sich die Proteine der Leber und des Eigelbs schnell entfalten können und damit zur Immobilität der grenzflächenaktiven Substanzen, d. h. das Lecithin, beitragen.

Variante
Das Eigelb lässt sich durch den reinen Emulgator Lecithin ersetzen. Das Eigelb gibt Bindung und Aroma, wer nur die Bindung erreichen möchte, nimmt Lecithin (siehe Variante für Leberliebhaber).

Molekulare Aromenaspekte
Die Zugabe von Lavendel zu der Leber erklärt sich aus dem „Molekülstrukturmosaik“, das die Harmonie verschiedener Moleküle beschreibt. Viele der typischen Inhaltsstoffe, die den Lavendelduft ausmachen (Linalylacetat, Linalool aber auch β-Ocimen, Cineol, Kampfer, Caryophyllen-epoxid und diverse Coumarinderivate), ergänzen sich mit den Thiazol und Thiazolin der Leber, die für den Leberduft verantwortlich sind.

Thermomix
Wir versetzen die Leber mit Butter sowie den Gewürzen, Salz, Pfeffer und etwas Lavendel, und geben noch Portwein dazu. Also physikalisch sehr problematische Komponenten, die sich zwar auf der Zunge, aber eben nicht molekular vertragen. Wie das Fett der Butter und das Wasser der Leber und der süße Port. Folglich müssen Fett und Wasser emulgiert werden und zwar so fein, dass die Pralinen formbeständig bleiben. Statt der herkömmlichen Methode – also kalt mixen, Eigelb (wegen des Emulgators Lecithin) dazu und dann ab ins Wasserbad – empfiehlt sich das vorsichtige Zerkleinern bei möglichst genau eingehaltener Temperatur. 50 °C reichen vollkommen aus, um bestimmte Eiweiße der Leber so zu manipulieren, dass sie sich entfalten und grenzflächenaktiv werden. Damit erhält die Emulsion ausreichende Stabilität, ohne dass Emulgatoren, sei es Eigelb oder Sojalecithin, zugegeben werden müssen. Beim Mixen unter bestimmter Temperatur gerinnen nur bestimmte Proteine, die das Emulgieren von Fett und Wasser sicherstellen (siehe Grundmayonnaise aus Eiklar und Öl, Seite 69). Nach kurzem Garen im Wasserbad (oder mit Infrarotlampen) in kleinen Portionsförmchen wird nur eine äußere Schicht fester. So werden Texturerlebnisse erzeugt, die die Assoziation des Begriffs „Praline“ nicht nur auf die Form zurückführen. Die Leberpraline bleibt innen noch cremig und erinnert an eine Ganache, die cremige Füllung, die sich in vielen Schokopralinen findet. Der Geschmacksunterschied zwischen der bei höherer Temperatur gegarten Außenschicht und dem noch cremigen Kern ist beachtlich. Die Ursache liegt lediglich in den unterschiedlichen physikalischen Eigenschaften von Hülle und Kern.

Garen bei 60 °C

Die Sous-vide-60-Grad-Methode ist aufwändig, denn das Fleisch soll im Wasserbad bei lediglich 60 °C garen, dafür aber umso länger. Derartig niedrige Temperaturen müssen wohl reguliert werden, denn der Garprozess läuft dabei ganz anders ab als bei höheren Temperaturen, also den üblichen 100 °C beim Schmoren oder gar den 180 °C in der Bratpfanne. Dies kann auch nur im Wasserbad funktionieren. Deshalb lässt man das Fleisch am besten vom Metzger in eine dicke Folie vakuumiert einschweißen, und zwar so fest, dass die Folie das Fleisch so gut wie möglich umspannt. Dieser Schutzanzug verhindert den direkten Kontakt des Fleisches mit Wasser. Das Fleisch wird während der vielen Badestunden osmotisch nicht verändert (siehe unten).

Der Bräter sollte so viel Fassungsvermögen haben, dass viel Wasser und die Lende eines Bioschweins darin Platz haben. Das Wasser darf während der Garzeit im Bräter nicht zu sehr verdampfen, weil die Temperatur nicht zu stark schwanken darf (Schwankungen zwischen 58 und 62 °C sind tolerabel).

Der physikalische Trick bei dieser Methode ist, dass die Proteine nicht auf einmal denaturiert werden, sondern nur peu à peu. Die Vernetzungsreaktionen, die bei Hochtemperaturgarmethoden für die Festigkeit und Zähigkeit verantwortlich sind, bleiben bei 60 °C aus.

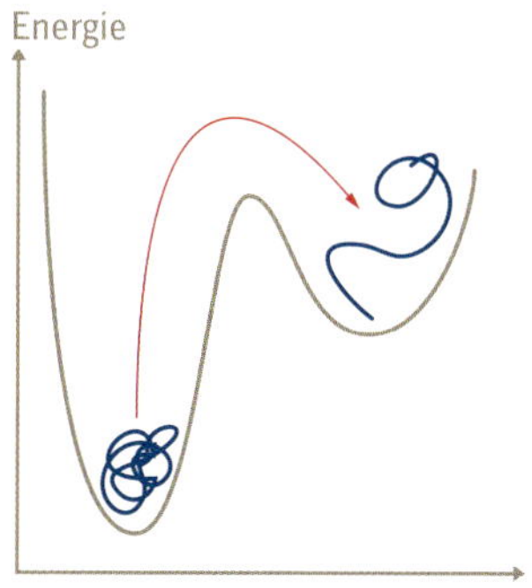

Wie aber geht die Proteindenaturierung vonstatten, wenn die Gartemperatur nicht über die Denaturierungstemperatur steigt? Das hat viel mit Wahrscheinlichkeiten zu tun, denn bei 60 °C sind die Moleküle thermisch schon so stark erregt, dass das eine oder andere tatsächlich denaturiert, wenn auch mit einer geringeren, so doch nicht zu vernachlässigenden Wahrscheinlichkeit. Wartet man also lange genug, so entfalten sich nach und nach immer mehr Proteine. Küchentechnisch bedeutet dies schlicht: Das Fleisch gart extrem langsam. Allerdings auch ohne Geschmacksverlust. Selbst nach 30 Stunden bleibt das Ergebnis in Geschmack und Konsistenz mehr als beeindruckend. Man braucht fast kein Messer, und jede Muskelfaser schmilzt unter sanftem Druck auf der Zunge.

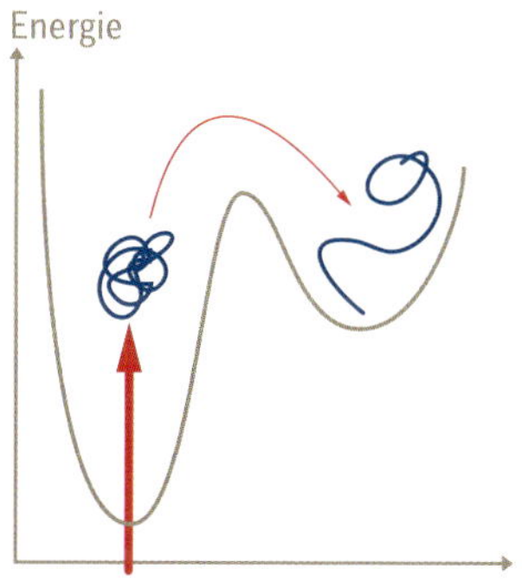

Das Garen von Proteinen kann symbolisch wie das Erklimmen von Bergen dargestellt werden. Aus dem kalten Zustand (obere Grafik) ist ein riesiger Hügel zu erklimmen, der sich in der Denaturierungstemperatur äußert. Gart man bei 60 °C (untere Grafik), hebt man die Fleischproteine an, fährt sie mit einem Aufzug bis knapp vor den Gipfel. Dieser wird dann mit einer gewissen Wahrscheinlichkeit hin und wieder von selbst übersprungen. Die Folgen spürt der Genießer auf der Zunge: Das sanft gegarte Fleisch schmeckt außergewöhnlich zart, da nur ein Teil der Proteine diesen Sprung durchführt.

„Eigenosmose“

Auch der Grund für den außergewöhnlichen Geschmack liegt in Physik und Chemie verborgen: Natürlich wird mit dem sehr langsamen Garen etwas von dem an die Proteine gebundenen Wasser, also Fleischsäfte, austreten. Dies lässt sich in der Folie direkt beobachten. Allerdings wird dieses „Eigenwasser“ zum gleichzeitigen Marinieren verwendet, denn die Osmose ist immer auf Ausgleich bedacht, damit außerhalb und innerhalb dieselbe Mineralstoff-, Salz- und Geschmackskonzentration vorliegt. Das wird man schmecken, denn bei diesem Experiment wurde das Fleisch vor dem Einschweißen nicht gewürzt, kein Salz, kein Pfeffer, rein gar nichts. Nach diesem Versuch vergisst man vermutlich alles, was man bisher unter dem Begriff „Garen im eigenen Saft“ geschmeckt und abgehakt hat. Nur eines bleibt noch zu berücksichtigen: Das Fleisch muss unbedingt auf angewärmten Tellern serviert werden.

60-Grad-Schweinefilet im Wasserbad

Für 3 Personen

600 g Schweinefilet (vom Metzger einschweißen lassen)

Alternative:

600 g Schweinefilet (vom Metzger in drei Teile schneiden und einzeln einschweißen lassen: Schwanzstück ca. 150 g, Mittelstück ca. 200 g, Anfangsstück ca. 250 g)

Salz

Pfeffer aus der Mühle

In einen passenden Topf Wasser füllen und auf 60 °C erhitzen. (Falls vorhanden, alternativ im elektronischen Wasserbad auf 60 °C erhitzen.) Das ungewürzte und eingeschweißte Schweinefilet in das 60 °C warme Wasser legen und bei konstanter Temperatur etwa 8 Stunden garen lassen.

Alternative

In einen passenden Topf Wasser füllen und auf 60 °C erhitzen. (Falls vorhanden, alternativ im elektronischen Wasserbad auf 60 °C erhitzen.) Die Filetstücke in das 60 °C warme Wasser legen und bei konstanter Temperatur gemäß den folgenden Garzeiten garen lassen: Schwanzstück 2 Stunden, Mittelstück 3 Stunden, Anfangsstück 4 Stunden. Nach Ende der Garzeit mit Salz und Pfeffer oder mit Kräutern würzen. Um Röstaromen zu erhalten, das Fleisch kurz mit dem Bunsenbrenner bräunen.

Manche Genießer vermissen bei solchen Gerichten die Röstaromen. Die lassen sich jedoch leicht nachträglich auftragen. Ein kurzes Abflämmen mit einem Bunsenbrenner hilft bereits viel. Für karamellartige, säurehaltige Geschmacksnoten lassen sich auch zucker- oder honighaltige Lacke auftragen, die ebenfalls mit dem Bunsenbrenner leicht abgeflämmt werden. Die Maillardreaktion findet also nur an der Oberfläche statt. Der Vorteil dieser Methode ist, dass sich die Struktur des Fleisches nur an einer sehr dünnen, weniger als 1 mm dicken Schicht an der Oberfläche verändert. Beim vorherigen scharfen Anbraten und anschließenden Niedrigtemperaturgaren im Ofen ist dies nicht der Fall. Daher werden sich beide Methoden in ihrem Geschmack deutlich unterscheiden.

Das Schweinefilet lässt sich gut mit den Kichererbsen von Seite 157 kombinieren.

Proteine und ihre Eigenschaften im Eiklar

Die reiche Welt der Proteine und deren Vielfalt wird schon in dem einfachen Basisprodukt Eiklar deutlich. Obwohl alle Proteine aus nur 20 Grundbausteinen, den Aminosäuren, aufgebaut sind, lassen diese sich in vielen verschiedenen Varianten anordnen. Dies wird vor allem dann deutlich, wenn Proteine aus 500 und mehr dieser Grundbausteine zu langen Ketten zusammengesetzt sind. Je nach Anordnung haben diese Ketten immer neue, andere, von Natur und Evolution gegebene Eigenschaften.

So ist das einfache Eiklar ein Sammelsurium aus verschiedenen Proteinen, die alle eine andere Struktur haben und andere Aufgaben übernehmen. Was sich beim Eierkochen auch zeigt, sofern man genauer hinschaut. Wenn man versucht, Eiklar mit Wasser zu verdünnen (und sei es auch nur zu wissenschaftlichen Zwecken), trübt es sich, sobald es mit destilliertem Wasser beträufelt wird. Ovalbumin denaturiert, sobald die natürliche „biologische Umgebung" verändert wird. Convalbumin denaturiert bei Hitze, und Ovomucin wirkt grenzflächenaktiv und hilft, Eischnee zu stabilisieren. Gibt man hingegen Säure zum Eiklar, beginnt sich das Ovomucoid zu verändern. Erst das Zusammenspiel aller Proteine im glibbernden Eiklar lässt Kochtechniken zu, die zu überraschenden Ergebnissen führen.

Mitnichten ist es leicht, ein Ei bei 65°C im Wasserbad zu garen. Noch komplizierter ist zu verstehen, was dabei molekular vonstatten geht. Einfache, aber präzis geführte Versuche zeigen dies. Werden drei Eier bei dieser Temperatur im Wasserbad gehalten und nacheinander nach einer, zwei und drei Stunden herausgefischt, weisen sie unterschiedliche Konsistenzen auf. Im Gegensatz zur landläufigen Meinung verändert sich auch zwischen ein, zwei und drei Stunden die Struktur des Eiklars und des Dotters. Gründe hierfür sind in dem unterschiedlichen Verhalten, wie z.B. Denaturierungstemperaturen der beteiligten Proteine zu finden, auch durch die winzigen Änderungen der biologischen Umgebung und die kleine Veränderung des Säuregrads durch die Denaturierung mancher Proteine. Ebenso spielt die Tatsache eine Rolle, dass sich einmal denaturierte Proteine in der Regel nicht mehr ohne weiteres in ihren natürlichen Ausgangszustand zurückfalten.

Allein aus diesem kleinen Modellexperiment erkennt man, wie kompliziert sich molekulare Prozesse während des Niedrigtemperaturgarens (sous vide) gestalten. Deren kulinarische Anwendungsmöglichkeiten in der Küche sind noch lange nicht erschöpft.

Protein	**Form**	**Eigenschaften**	**Kocheigenschaften**	**Bemerkungen**
Ovalbumin	Fibrillen	Denaturiert bei ca. 84 °C	Denaturiert auch beim Schlagen (Eischnee)	70 % des Eiklar
Conalbumin	Globulär	Denaturiert bei ca. 62 °C	Gerinnt beim Kochen, Braten	Adsorbiert auf Eisen
Ovomucoid	Gycoprotein	Typsininhibitor	Gerinnt unter Säure	10 % des Eiklar
Ovomucin	Konjugierte Fribrillen	Verantwortlich für Glibberigkeit	Stabilisiert Schäume	Denaturiert nicht bei Hitze
Lysozyme	Globulär	Bakterienschutz	Bildet Schäume	Hitzeempfindlich
Avidin	Basisprotein			
Ovoglobulin	Globulär			

Kartoffel-Olivenöl-Creme

Schweinkram –
de- und umkonstruiert

Court Bouillon

Entenbrust im Plastiksack

80-Grad-Lammkeule

Rinderfilet im
Senfkräutermantel

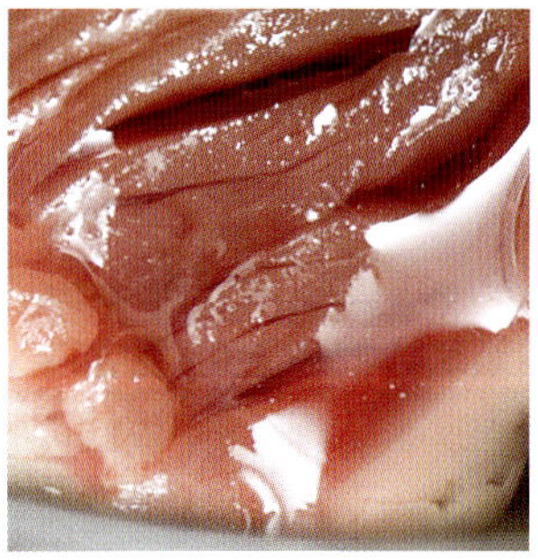
Molekulare Prozesse:
Fleisch und Farbe

Temperaturbereich 70 °C - 80 °C

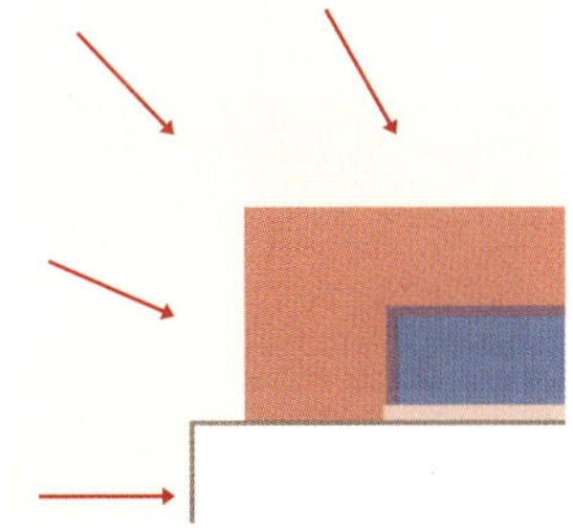

Garen mit oder ohne Knochen?

Gartheorie: Niedrig versus kurz

Pochieren

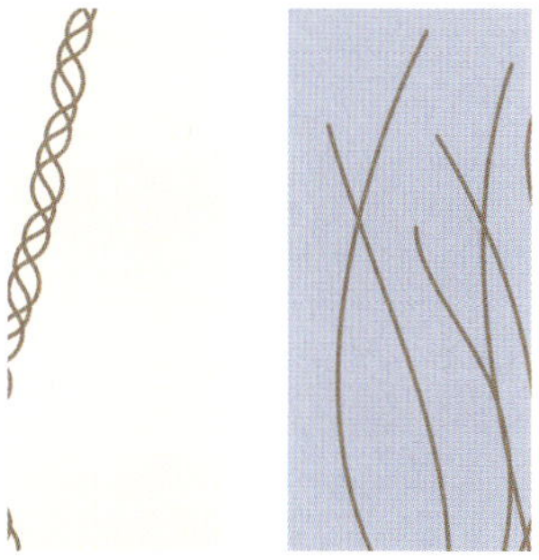

Protein Tripelhelix – Schmoren und Kollagenküche

Erlaubtes Bratendoping

Kartoffel-Olivenöl-Creme

Für 4 Personen

100 g	schwarze Oliven
500 g	gekochte Salzkartoffeln, mehlig
3	Knoblauchzehen
100 ml	Olivenöl
	Salz
2	Eigelbe

Die Oliven im vorgeheizten Backofen bei 100 °C Ober- und Unterhitze etwa 3 Stunden trocknen und anschließend klein hacken. Die Kartoffeln vierteln. Die Knoblauchzehen schälen, fein hacken und zu den Kartoffeln geben. Die Oliven und das Olivenöl ebenfalls zugeben. Das Ganze leicht erwärmen, zu einem Mus zerstampfen und salzen. Erst wenn das Mus klumpenfrei ist, die Eigelbe langsam einrühren. Es entsteht eine kompakte feste Masse mit creme-ähnlichem Charakter.

Das Eigelb fungiert in diesem Fall mit seinem Lecithin als grenzflächenaktives Molekül und ist der Kitt für das Öl und die hydrophilen Makromoleküle der Kartoffelstärke.

Der Fachbergriff Legieren wird wieder ernst genommen, nur wurden hier andere (makromolekulare und kolloidale) Komponenten zugefügt, die mit dem Öl unverträglich sind: Die Stärke und die Kohlenhydrate der Kartoffeln. Im Gegensatz zu der Brouillade ist die Beweglichkeit der Moleküle in diesem Fall sehr stark eingeschränkt, sodass die Gefahr des Gerinnens, also der Koagulation, wesentlich geringer ist. Allerdings werden dieselben physikalischen Prinzipien ausgenutzt: die Grenzflächenaktivität von Lecithin im Eigelb. Natürlich ließe sich das Lecithin auch direkt als Pulver zuführen. Dies bringt allerdings keine guten Ergebnisse, da sich das Pulver nicht mehr löst und nicht zum Emulgieren zur Verfügung steht. Besser wäre es, gelöstes Lecithin zu verwenden oder es zuvor in Öl zu lösen. In Alkohol gelöstes Lecithin ist hier nicht empfehlenswert.
Allein die klassische Geschmackskombination von Kartoffel und Ei empfiehlt hier das Eigelb.

Die Creme kann sowohl warm als auch kalt genossen werden. Der ideale Begleiter zu dieser Creme ist ein gegrillter Fisch oder ein Meeresfrüchtesalat.

Schweinkram – de- und umkonstruiert

Für 1-2 Personen

1	Karotte
50 g	Lauch
2	Schweinefüße
2	Schweineschwänze
50 g	Schweinehals
10	Pfefferkörner
	Salz
2 l	Wasser
13 g	getrocknete Steinpilze
2	Schalotten
1 EL	Butter

Karotte schälen und würfeln. Lauch putzen und in Ringe schneiden. Alle Zutaten bis auf Steinpilze, Schalotten und Butter in einen Topf geben und kurz aufkochen. 2-3 Stunden bei 80-90 °C köcheln lassen, bis die Schweineextremitäten gar sind.
Die Schaumkronen, die sich auf der Oberfläche des Fonds entwickeln, sollten abgeschöpft werden, da sie nach der Abkühlungsphase wieder in Lösung gehen und Trübungen verursachen.
Die Schweinefüße und -schwänze herausnehmen und abkühlen lassen. Das Fleisch von den Knochen lösen. 8 g Steinpilze zu dem Fleisch gegeben und mit etwas Schwarte und dem Schweinehals durch die grobe Scheibe des Fleischwolfs drehen. Die restlichen Steinpilze klein schneiden und zur Fleischmasse gegeben. Die Schalotten schälen, würfeln, kurz in Butter anbraten und mit der Wurstmasse verkneten. Je nach Konsistenz 2-3 Esslöffel Fleischbrühe dazugeben, damit eine leicht formbare Wurstmasse entsteht. Aus der Masse eine oder zwei Würste formen, in Frischhaltefolie, die als Darmersatz fungiert, wasserdicht einwickeln und mit Alufolie ummanteln. Bei 70 °C etwa 30 Minuten aufbrühen, sodass sich Wasser und Gelatine innerhalb der Hülle homogenisieren. Die kollagen-gelatinegebundenen Würste abkühlen und im Kühlschrank ruhen lassen.

Diese vorwiegend kollagengebundene Wurst lässt sich in Scheiben schneiden und zum Aperitif genießen. Die Gelatine sorgt für die richtige Bindung, das mitgehackte Frischfleisch für die Vermeidung einer zu gallertartigen Struktur. Die gemahlenen Steinpilze unterstreichen mit ihrem hohen Anteil an natürlich freier Glutaminsäure den Fleischgeschmack, ohne den feinen Charakter von Schweinefuß und Schwanzfleisch zu überdecken.

Die Brühe, in der die Schweineextremitäten kochen, ist sehr kollagenhaltig. Sie wird beim Abkühlen zähflüssig, unter Umständen sogar gelieren. Sie kann zum Binden oder für selbstgemachte Sülzen verwendet werden, beispielsweise indem sie mit etwas Weinessig oder mit kleinen Cornichon-Würfeln verfeinert wird.

Kollagen ist ein Bindegewebsprotein, das vor allem auch in Schweinefüßen und Schweineschwänzen vorkommt. Kollagen tritt in der Natur in verschiedenen Formen auf, je nach biologischem Zweck. Als Bindegewebsgewebe im Fleisch und im tierischen Körper liegt es in einer Tripelhelix vor, die sich erst langsam bei Temperaturen von über 70 °C vollkommen entwindet. Die getrennten Proteinfäden haben eine sehr starke Wasserbindungsfähigkeit und sind als Gelatine bekannt. *Siehe Kollagenküche, Seite 137.*

Court Bouillon

1	Karotte
100 g	Lauch
2	Lorbeerblätter
½	Bund Thymian
1 l	Wasser
250 ml	trockener Weißwein
	Salz
	Pfeffer aus der Mühle

Die Karotte schälen, halbieren und in Scheiben schneiden. Den Lauch putzen und in Scheiben schneiden. Lorbeerblätter und Thymian zu einem Sträußchen binden. Alle Zutaten in einen Topf geben und 20–30 Minuten köcheln lassen. Dies ergibt einen sehr aromareichen Pochiersud für Fisch oder Fleisch.

Die Zutaten für den Sud können natürlich nach Belieben verändert werden. Kombinationen von Pampelmusen, Orangen, grünem Koriander usw. sind willkommene Alternativen zu kräftigen Fischen.

Aromenkombination: Gerade bei der Aromenkombination sind kaum Grenzen und schon gar keine Vorschriften gesetzt. Hier kann jeder nach eigenem Geschmack und Kreativität tätig sein. Chemische Kenntnisse helfen allerdings bei der Kombination von verschiedenen Aromen. Deren Wirkung auf Zunge und Riechzellen wird durch die Molekülstruktur bestimmt, auch durch die Elektronenstruktur. Es lässt sich sehr schnell herausfinden, welche Aromen in diesem „Molekülpuzzle" zusammenpassen und sich entsprechend ergänzen und geschmacklich außergewöhnliche Sensationen auslösen, etwa bei Karotten, Cumin und Butter, Karotten und Orangen, grünem Koriander und Erdbeeren, Schokolade, Chili und Pfefferaromen, um nur die Naheliegendsten in Erinnerung zu rufen. So ergänzen sich zum Beispiel Reglisse (Lakritze) und Rotbarben oder Rotbarben mit Vanille und Orangen bestens. Nur auf den ersten Blick sind diese Kombinationen ungewöhnlich: Die Zusammensetzung der entsprechenden Moleküle bestätigt dieses Mosaikprinzip.

Siehe Grafik: Veranschaulichung des Prinzips der Aromenkombination. Dies ist zwar kein molekulares Beispiel, verdeutlicht aber die Idee. Es müssen bestimmte molekulare Gemeinsamkeiten gesucht werden, die entsprechend ihrer Wirkung ein Gesamtbild ergeben. In diesem „Scrabble" stellt jeder Buchstabe eine molekulare Eigenschaft dar, die es erlaubt, mit einem anderen in eine sinnvolle Wechselwirkung einzutreten, sodass sich ein neues Gesamtbild ergibt. In diesem Schema könnte es so verstanden werden, das sich die Worte „Butter", „Cumin" und „Karotte" an mehrere Stellen überlappen.

Bei der Aromenkombination ist ebenfalls darauf zu achten, wie die verschiedenen Aromen untereinander „kommunizieren", in der Fachsprache „wechselwirken". Dabei spielt natürlich auch das Lösungsmittel eine große Rolle, also die Frage, ob die Aromen fett- oder wasserlöslich sind. Dies ist für den zeitlichen Ablauf der Besetzung der Rezeptoren entscheidend, die dann oft auf Umwegen vonstatten geht.

Entenbrust im Plastiksack

Für 2-3 Personen

2	Entenbrüste mit Haut
2 TL	Sternanis
8	Kardamomkapseln
	Salz
	Pfeffer aus der Mühle

Die Haut von den Brüsten vorsichtig ablösen. Sternanis und Kardamom (mit Schale) klein mörsern und die Entenbrüste damit kräftig würzen. Salzen und pfeffern. Die Brüste in je einen Gefrierbeutel verpacken, gut verschließen und so an einem Kochlöffel befestigen, dass man sie in einen Topf hängen kann. Etwa 20 Minuten im Wasserbad bei 70 °C garen. In der Zwischenzeit die von den Brüsten abgelöste Haut in Würfel schneiden, in einer beschichteten Pfanne ohne Fett auslassen und braun rösten. Das Fett für die Clementinensauce (siehe Seite 155) aufheben. Die gegarten Entenbrüste aus dem Wasserbad nehmen und gegen die Muskelfasern in dünne Scheiben schneiden. Fächerförmig auf einem Teller anrichten und mit den knusprigen Hautwürfeln (Grammeln) bestreuen.

Das Sous-vide-Garen sorgt hier für einen guten Aromentransport. Die Aromen der Gewürze, die beim Erwärmen freigegeben werden und sich weiter entfalten, können nicht verwässert werden und dringen optimal in das Fleisch ein.

Physikalischer Trick: Wasserbad bei 70 °C – Garen mit Abstandshalter
Das Wasser wird auf 70 °C erhitzt und der Topf auf ein Kuchengitter über die Herdplatte gestellt. Dann kann die Wärmezufuhr so eingestellt werden, dass ziemlich genau 70 °C gehalten werden. Zur Not stellt man noch ein paar Eiswürfel parat: Sollte das Wasser heißer werden, einfach einen Eiswürfel hineingeben. Die Gänsebrüste müssen unbedingt einen roten, rohen Kern haben, was durch das Abbrechen des Garprozesses erreicht wird. Die Wärme dringt nur langsam über Wärmeleitungsprozesse nach innen. Daher sollten die 20 Minuten Garzeit nicht überschritten werden.

***Geschmacksphysik:** Das Fleisch hat einen deutlichen „Gargradienten“ von gar nach roh. Die Geschmacksvariationen sind durch die unterschiedlichen Formen und Zustände der Muskelproteine bestimmt. Ebenso die Farbe von weißlich (gar) bis zu tiefrot (roh).*
Die „Grammeln“ der Haut liefern die Maillardkomponenten des Geschmacksbildes.

Hierzu passt besonders gut die Clementinensauce, siehe Seite 155.

80-Grad-Lammkeule

Für 6 Personen

4	kleine Karotten
3	mittelgroße weiße Rübchen
4	Tomaten
1	Zwiebel
4	Knoblauchzehen
1,5 kg	ausgelöste Lammkeule
	Salz
	Pfeffer aus der Mühle
4 EL	Erdnussöl
1	Bund Rosmarin
1	Bund Thymian
200 ml	Weißwein
200 ml	Lammfond
50 g	Mehlbutter

Den Backofen auf 80 °C Ober- und Unterhitze vorheizen. Die Karotten und die Rübchen schälen und würfeln. Die Tomaten vom Blütenansatz befreien und vierteln. Zwiebel und Knoblauchzehen schälen und würfeln. Die Lammkeule von Fett und Häuten befreien und kräftig salzen und pfeffern. In einem großen gusseisernen Bräter das Erdnussöl erhitzen und die Lammkeule von allen Seiten kurz anbraten. Das dauert zwischen 15 und 20 Minuten. Nach etwa 10 Minuten Zwiebel, Knoblauch, Schmorgemüse und Kräuter zugeben. Mit Salz und Pfeffer kräftig abschmecken. Die Keule bei dieser Niedrigtemperatur 5-7 Stunden, je nach Größe, garen. Das Fleisch aus dem Bräter nehmen, warm stellen und ruhen lassen. Den Bratensatz und das Gemüse mit dem Weißwein und dem Lammfond gut aufkochen. Tomatenreste entfernen, die Mehlbutter nach und nach einrühren, bis die gewünschte Konsistenz der Sauce erreicht ist.

Das Fleisch wird sehr schön rosa bleiben, wenn die Temperatur im Innern der Keule die 70-Grad-Marke nicht überschritten hat. Dazu ist es wichtig, die Temperaturschwankungen im Ofen zu kennen und auszumessen. Leider halten gängige Backöfen die Temperatur nicht besonders konstant, daher ist dieses Vorexperiment notwendig. Dazu den Ofen auf eine bestimmte Temperatur einstellen und mit einem Thermometer den Temperatur-Zeitverlauf messen. Dabei zeigen sich die Aufheiz- und Abkühlphasen. Mit zunehmender Zeit wird die Differenz zwischen Maximal- und Minimal-Temperatur immer kleiner, wird aber nie verschwinden. Es sei denn bei sehr modernen Öfen oder so genannten Hold-o-maten. Manchmal hilft in herkömmlichen Backöfen bereits die Beigabe eines Schamottesteins, denn je größer die Masse und die spezifische Wärmekapazität, desto geringer sind die Temperaturschwankungen.

Bei der Lammkeule wirken sich Schwankungen um 10 °C nicht so entscheidend aus, da sie relativ groß ist. Bei kleineren Fleischstücken können diese Temperaturschwankungen allerdings dramatische Folgen haben. Der erwünschte Effekt lässt sich gar nicht erzielen, und das Garen verläuft vollkommen unkontrolliert. Daher sind bei kleineren Fleischstücken, Fischen oder Innereinen Hold-o-maten oder exakt temperaturgesteuerte Wasserbäder unerlässlich.

Rinderfilet im Senfkräutermantel

Für 2-3 Personen

6	Zweige Thymian
4	Zweige Rosmarin
100 g	grober Senf mit schwarzen Johannisbeeren (Moutarde aux cassis; oder einfach grober Senf)
	Salz
	Pfeffer aus der Mühle
1 EL	Olivenöl
1 Msp.	Guarkernmehl (Drogerie oder Biozoon)
1 Msp.	Protein (z. B. Erbsprotein oder Albumin aus der Apotheke)
500 g	Rinderfilet
	gefrorene Olivenöltropfen siehe Seite 11

Von Thymian und Rosmarin die Blätter bzw. Nadeln abzupfen und fein hacken. Mit dem Senf verrühren und mit Salz und Pfeffer würzen. Das Olivenöl unterrühren, bis eine Paste entsteht, die sich gut auf das Fleisch streichen lässt. Die Paste mit Guarkernmehl und den Proteinen gut durchschlagen und auf das Filet auftragen. Im Hold-o-mat bei 65 °C etwa 20 Stunden garen. Die gefrorenen Olivenöltropfen auf das Rinderfilet geben und sofort servieren.

Hier zeigt sich, wie Proteine im Rinderfilet denaturieren. Das Fleisch lag lange Zeit bei 65 °C im Hold-o-mat, was bedeutet, dass diese Temperatur überall gewährleistet war. Trotz der roten Farbe ist das Fleisch nicht roh! Dennoch zeigen sich deutliche Farbunterschiede am Rand des Filets direkt unter dem Senfmantel. Das Fleisch ist dort deutlich grauer, was eigentlich einer höheren Temperatur entspräche. Das kommt von der Säure des Senfs, die ebenfalls manche Eiweiße denaturiert. Hier lässt sich die Eindringtiefe der Säure direkt erkennen. Das tiefrote Filet zeigt, dass die Myoglobine des Fleischs noch nicht denaturiert sind und ihr Eisen noch nicht oxidiert. Am Rand ist dies aber durch die Säure geschehen.

Die Beigabe des Guarkernmehls und der Proteine hat zwei wesentliche Effekte: Das wasserlösliche und wasserbindende Polysaccharid erhöht die Strukturviskosität der Emulsion. Sie fließt auch bei höheren Temperaturen nicht vom Fleisch. Andererseits ist die Emulsion bei höherer Temperatur instabiler, Fett und Wasseranteile trennen sich, die Paste verliert ihren Zusammenhalt. Die Proteine sorgen durch ihre hohe Grenzflächenaktivität für eine hohe Stabilität der Emulsion. Somit bleibt die Paste während des Garens stabil und die konstante Würzkraft der fett- und wasserlöslichen Bestandteile ist gewährleistet. Natürlich lassen sich die Proteine durch Eiklar ersetzen. Allerdings ergibt dies stets einen leichten Eigengeschmack, der unter Umständen störend sein kann.

Schwein
Rind
Lamm

Molekulare Prozesse: Fleisch und Farbe

Immer wenn ausreichend Wärme im Spiel ist, beginnen die Proteine zu denaturieren und verändern dabei ihre natürliche Gestalt. Und sie verlieren ihre Fähigkeit, bestimmte biologische Aufgaben zu übernehmen. So auch das Myoglobin, das mitunter für die rote Farbe des Fleischs sorgt, sofern die Muskeln des Tiers ordentlich gearbeitet hatten. Das Protein Myoglobin dient zu deren Sauerstoffversorgung. Es speichert Sauerstoff, den die Muskelfasern für ihre Arbeit benötigen. Dazu sitzt in dem Protein ein zweiwertiges Eisenion, das den Sauerstoff bindet. Myoglobin ist von tiefroter Farbe, und wenn ein Sauerstoff an das Eisen gebunden ist, wird es hellrot. Daher sind Muskeln, die während des Tierlebens viel arbeiten, von ausgeprägter roter Farbe, denn sie benötigen viel Sauerstoff, der durch das Myoglobin dorthin geschafft wird. Das können wir, um auf die Produkte eines Biobauern zurückzukommen, auch beobachten. Ein Hähnchen aus der Zuchtbatterie mit Normkäfig ist nie in seinem Leben jungen, knackigen Hühnchen hinterher gerannt. Sein Fleisch ist daher weiß. Der kräftige Biohahn mit viel Auslauf hingegen strotzt mit seinen rötlichen Schenkeln.

Beim Garen denaturiert auch das Myoglobin und verändert seine Farbe. Bis etwa 60 °C passiert nichts, was auch Fans der Niedrigtemperaturgarmethoden direkt beobachten können. Ab 71 °C kann der Sauerstoff nicht mehr gebunden werden. Aus Myoglobin wird Metmyoglobin, das gelbbraun schimmert. Je mehr Metmyoglobin entsteht, desto graubrauner wird das Fleisch, und bei 80 °C ist nahezu alles Myoglobin umgewandelt.

Ab einer Temperatur von 80–90 °C ist die Wasserbindungsfähigkeit der Proteine nicht mehr gewährleistet, da das Eiweißnetzwerk anfängt sich zusammenzuziehen. Wie in diesem Laborversuch zu sehen, kann Wasser in größeren Tropfen austreten. Das Fleisch wird trocken (entquollenes Netzwerk) und verliert an Geschmack.

Fleischsäfte = Wasser + gelöste Aromen = Geschmack

Hitzeverteilung und Wärmeleitung während des Hochtemperaturgarens im Ofen

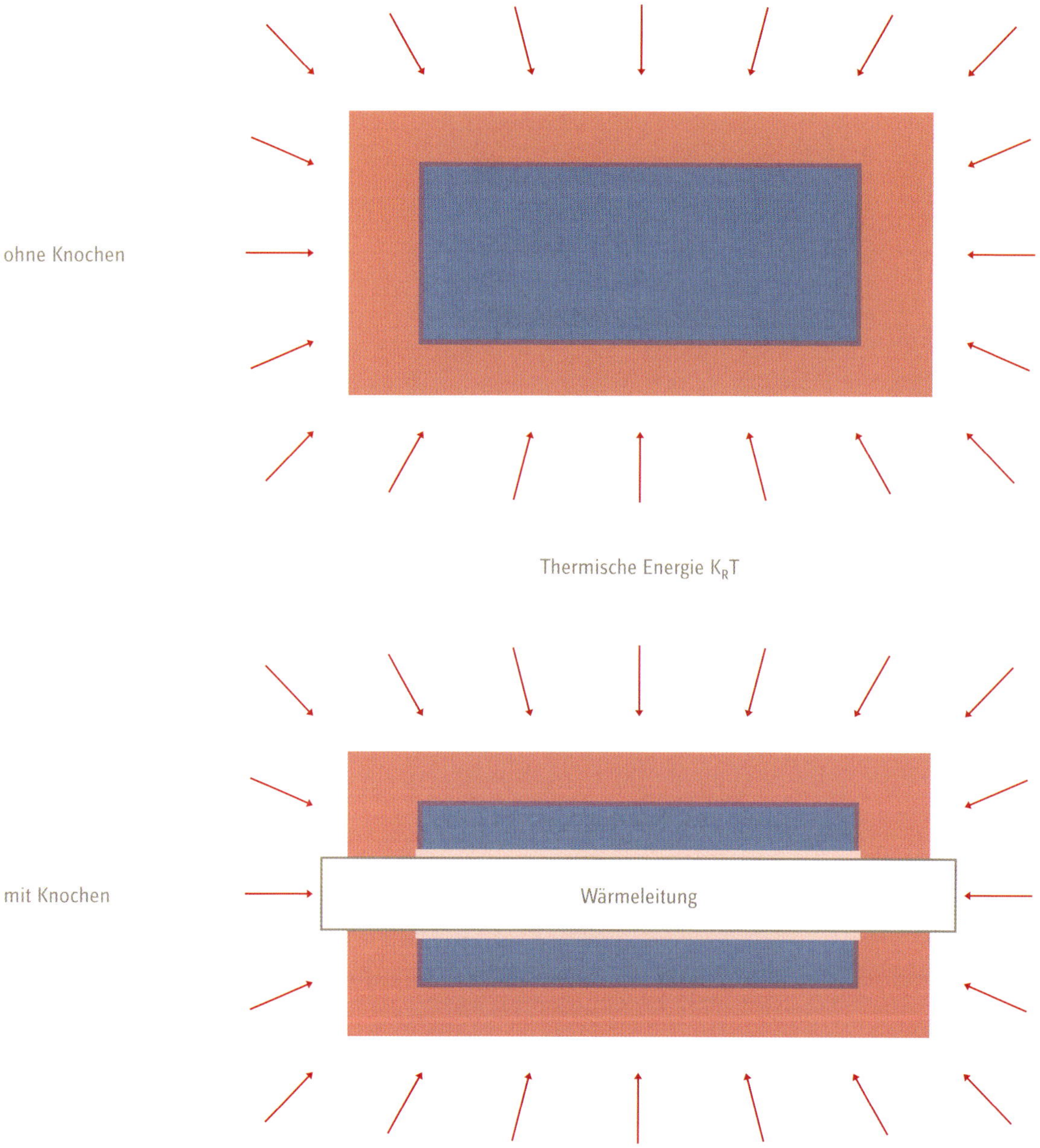

Garen mit oder ohne Knochen?

Die Frage „Mit oder ohne Knochen?" wird von der Garmethode selbst beantwortet, also Niedrig- oder Hochtemperaturgaren im Backofen oder Schmoren in wässriger Lösung im Riesenbräter. Die Antwort darauf ist zugleich auch die Antwort zur Knochenfrage. Denn die Anwesenheit des Knochens macht einmal mehr, ein andermal weniger Sinn.

Bei der Hochtemperaturmethode brät die Keule, versehen mit allerlei Gewürzen, zu Beginn bei 220 °C im Ofen. Schnell wird die Oberfläche braun und verströmt typische Röstaromen, duftende Moleküle der Maillardreaktion, der Inbegriff des Küchenparfüms überhaupt. Ist die gewünschte Bräunungsstufe erreicht, kann die Ofenbefeuerung heruntergefahren werden auf Temperaturbereiche zwischen 150 und 180 °C. Weitere Bräunung lässt sich durch ständiges Übergießen mit der sich bildenden Jus kontrollieren, sodass eine zu starke Verbitterung der Fleischoberfläche durch unerwünschte Maillardprodukte unterbunden wird. Im Innern sind selbst bei dieser Methode die Temperaturen eher maßvoll. So werden in den tieferen Fleischschichten 100 °C kaum überschritten, denn die Proteine des Fleisches haben jede Menge Wasser gebunden, das nach und nach abgegeben wird. Sobald die Proteine in den jeweiligen Fleischschichten eine Temperatur von etwa 70 °C erreichen, ist es mit deren Wasserbindefähigkeit vorbei. Solange aber freies Wasser vorhanden ist und verdampfen kann, steigt die Temperatur nicht über 100 °, egal wie heiß es im Backofen selbst ist.

Jetzt kommt der Knochen ins Spiel. Er besteht aus extrem harten Kollagenen, die kaum Wasser eingelagert haben. Daher kann die Temperatur des Knochens 100 °C übersteigen. Er kann die Ofentemperatur, also 180 °C, annehmen und sie über Wärmeleitungsprozesse ins Innere der Keule transportieren. Die Konsequenz ist logisch: Der Knochen transportiert Wärmeenergie tief ins Innere der Lammkeule und erhöht dort die Temperatur schneller, als es durch die Fleischschichten geschieht. Also hilft der Knochen die Keule von Innen zu garen und sorgt so im Prinzip für eine Verkürzung der Garzeit.

Beim Schmoren, d. h. beim Garen bei 100 °C, spielt der Knochen ebenfalls eine kleine Rolle, zumindest was die Wärmeleitung anbelangt. Er transportiert Wärme nach innen, auch wenn dieser Effekt nicht sonderlich ausgeprägt ist. Aber er hat natürlich beim Schmoren etwas abzugeben: Bindegewebe und Geschmack. Die Sauce erhält mehr Struktur und eine natürliche Bindung.

Bei der Niedrigtemperaturmethode, also beim Garen weit unterhalb der 100-Grad-Marke, fällt dieser Grund vollkommen weg. Dort spielt die Wärmeleitung keine ausgeprägte Rolle, weil zum einen die Temperaturunterschiede nicht so groß und zum anderen die Garzeiten viel länger sind. Das spätere Auslösen des Knochens ist dabei ohnehin hinderlich. Sollten Sie sich also für ein Niedrigtemperaturlamm entscheiden, darf der Metzger den Knochen ruhig entfernen.

Gartheorie: Niedrig versus kurz

Garen bei hohen Temperaturen, insbesondere beim Kurzbraten, ist physikalisch gesehen ein hochgradiger Nichtgleichgewichtsprozess. Die Temperaturunterschiede sind immer so groß, dass die molekularen Prozesse sehr schnell ablaufen. In dem molekularen Proteinnetzwerk treten Spannungen auf, die Zeit brauchen, um „auszuheilen". Dadurch werden Heterogenitäten abgebaut und Wasser kann wieder besser gebunden werden.

Wasser-Weichmacher: Beim Kurzbraten ist darauf zu achten, dass nicht zuviel Wasser verdampft und aus dem Fleisch austritt. Das Proteinnetz wird dabei engmaschiger. Da die Maschengröße direkt mit den strukturellen Eigenschaften verbunden ist (je engmaschiger, desto fester), ist es für den Genuss unabdingbar, möglichst viel Wasser im Fleisch eingelagert zu lassen. Gebratenes Fleisch ist letztlich nichts weiter als ein spezielles, wenn auch sehr komplexes Hydrogel.

Sehr verwandt ist dies mit Prozessen in diversen Werkstoffen, beispielsweise Stahl. Vor ihrem Einsatz werden diese stets „getempert", d. h. man hält sie für eine gewisse Zeit bei einer höheren Temperatur, sodass sich Unregelmäßigkeiten in der Struktur langsam ausgleichen können. Somit können bestimmte Eigenschaften, wie Härte und Zähigkeit, kontrolliert verändert werden – zum Beispiel bei den Messern, die in der Küche verwendet werden.

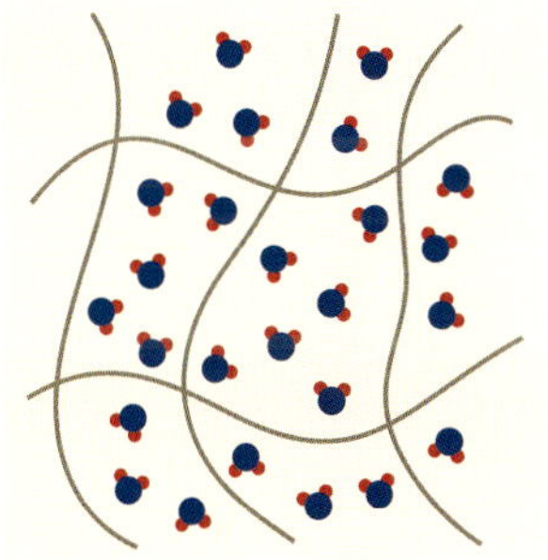

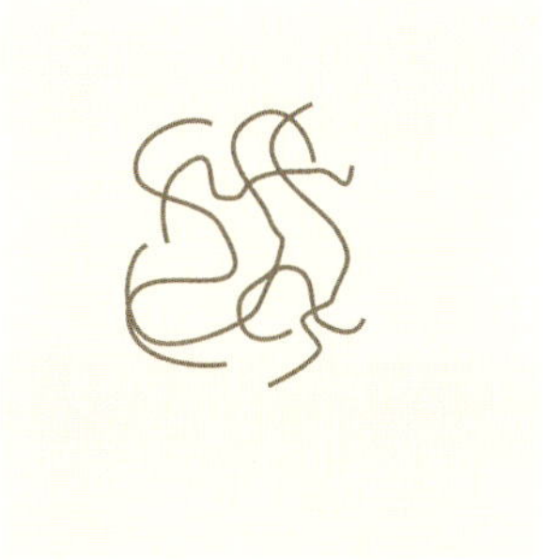

Verlust von „Weichmacher" H_2O

Wassermoleküle H_2O fungieren als Weichmacher zwischen Proteinen (und anderen wasserlöslichen langen Molekülschnüren). Sind viele Wassermoleküle in den Molekülnetzen vorhanden, halten sie die Maschen der Netze weit. Die molekularen Netze sind daher weich und geschmeidig. Sie zeichnen sich durch die Geschmacksvokabeln „zart", „saftig" usw. aus. Tritt während des Garens unter hoher Hitze zuviel Wasser aus (siehe auch unteres Foto auf Seite 129), wird das Proteinnetz engmaschig. Dann wirken die Fleischstücke „trocken", „zäh". Bei empfindlichen Fischen, vor allem Thun- und Schwertfisch (Espadon), ist dieser Zustand schnell erreicht. Deren Garen erfordert daher höchste Sorgfalt.

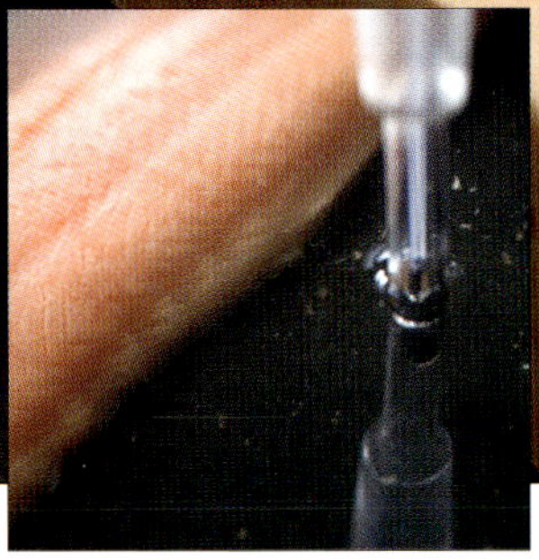

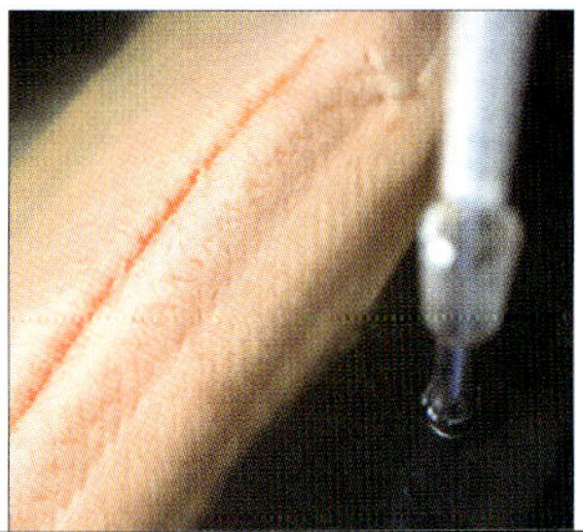

Pochieren

Pochieren eignet sich für alle Fleischsorten, die nicht zuviel ungesättigte Fettsäuren enthalten, da diese schneller oxidieren und dabei den Geschmack beeinflussen. Auch müssen die Proteine leichter denaturierbar sein, denn eine zu lange Verweilzeit im Wasser muss vermieden werden. Zum Pochieren von Fleisch eignen sich daher immer solche Stücke, die sich auch zum Kurzbraten verwenden lassen: reines Muskelfleisch, Hühner oder Poulardenbrüste oder Schweinefilets, natürlich auch fettarme Fische und Eier. Lachs kann trotz seines hohen Anteils an PUFAs (mehrfach ungesättigte Fettsäuren) ohne Schwierigkeiten pochiert werden, Makrelen dagegen sind eher ungeeignet.

Physikalisch-chemische Prozesse: Beim Pochieren erfolgt ein recht sanftes Entfalten der Proteine. Bei den relativ niedrigen Temperaturen werden sich die entfalteten Molekülketten nicht vernetzen und wieder etwas zusammenziehen (koagulieren). Dabei ist die Wasserbindungsfähigkeit der hydrophilen Aminosäuren gewährleistet. Gleichzeitig dringen über die Osmose Geschmacksstoffe vom Sud in Fisch oder Fleisch ein. Und umgekehrt. Dies ist der entscheidende Nachteil von Garmethoden, die über einen direkten Wasserkontakt ablaufen. Es lässt sich dabei nie vermeiden, dass Gargut einen Teil seines Geschmacks an den Sud abgibt. In manchen Fällen kann das sehr störend sein. Dann gibt es aber immer die Möglichkeit des Vakuumgarens (Garen bei 60 °C Sous-vide, siehe Seite 109).

Variante Fleisch: Bœuf à la ficelle ist hier der Klassiker in der französischen Küche. Dazu wird das Rinderfilet mit einem Küchenfaden (la ficelle) straff gewickelt und an einem Kochlöffel so befestigt, dass das Filet im Topf ziehen kann, ohne den Boden zu berühren. Dort ist die Temperatur zu hoch, das Fleisch würde zu stark an der Unterseite garen. Auch beim Bœuf à la ficelle ist unbedingt auf einen roten Kern zu achten. Der Reiz dabei ist, die Kombination des noch rohen Kerns ohne die beim Steak üblichen Maillardaromen wahrzunehmen. Üblicherweise wird das Rind in einer kräftigen Rinderbrühe pochiert, um osmotische Effekte zu reduzieren. Diese Brühe lässt sich mit Kürbiskernöl zu einer nussigen Emulsion aufschlagen. Dadurch werden die Aromen der vor der Pressung gerösteten Kürbiskerne beigefügt. Die in dem Sud gelösten Fleischproteine übernehmen sogar physikalische Aufgaben: Sie lagern sich an die Grenzflächen der Öltröpfchen an und stabilisieren sie. Gegen Olivenöl spricht natürlich nichts. Dann sähe lediglich die Beilage leichter aus.

Variante Foie gras: Eine gewagte, aber exklusive Anwendung ist das Pochieren einer rohen Gänsestopfleber. Dabei wird der Geflügelbrühe noch etwas Portwein und Madeira zugefügt. Die Temperatur darf 65 °C auf keinen Fall überschreiten, da sonst die Proteine das Fett nicht mehr halten können.

Kollagen – Gelatine – Wasser

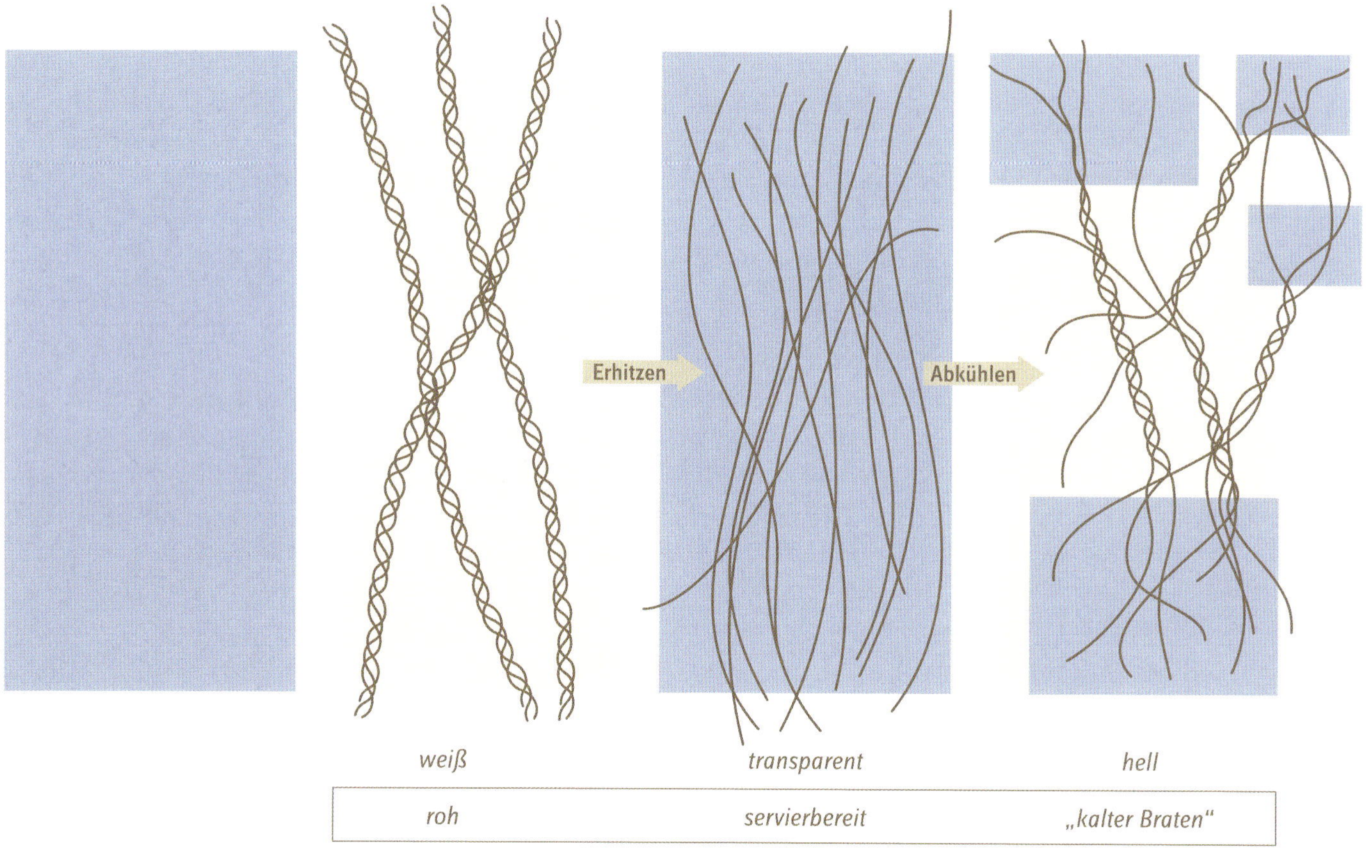

Schematische Darstellung der Umwandlung von Kollagen zu Gelatine im Fleisch. Kollagen besteht aus drei miteinander verschraubten Proteinen, die wiederum aus vielen wasserliebenden Aminosäuren zusammengesetzt sind. Unter Hitze lösen sich die Verschraubungen und binden mehr Wasser. Das Gelatinenetz ist weich und durchsichtiger. Beim Erkalten verdunstet das Wasser teilweise wieder, das Netz wird engmaschiger. Die Proteine verschrauben sich zum Teil wieder, allerdings lange nicht mehr so exakt wie im natürlichen Ausgangszustand.

Protein Tripelhelix – Schmoren und Kollagenküche

Schmoren ist eine der beliebtesten Methoden, geschmackvolles Fleisch auf den Tisch zu zaubern, ob als Gulasch oder klassischen Sauerbraten. Garzeiten von mehr als zwei Stunden sind keine Seltenheit. Der Grund dafür liegt in der Biophysik des durchwachsenen Schmorfleisches. Das harte Bindegewebe Kollagen muss in weiche Gelatine umgewandelt werden, damit es dem Genuss keinen Widerstand mehr bietet. Allein dieser rein physikalische Prozess bestimmt die Schmorzeit.

Kollagene sind zähe, weißliche Einlagerungen, die nur schwer zart werden. Das liegt an ihrer Molekularstruktur, denn die Strukturproteine zeichnen sich durch extreme mechanische Eigenschaften aus. Von der Natur ist das so gewollt, denn Kollagen wird eingebaut, wenn starke Kräfte, Belastbarkeit und Zusammenhalt notwendig sind, etwa in Schultern, Waden, Knorpeln und Knochen.

Derzeit sind 28 Kollagentypen bekannt, die verschiedene biologische Funktionen übernehmen. Allen gemein ist, dass sie aus drei einzelnen Proteinsträngen bestehen, die zu einer Tripelhelix eng verwunden sind, ganz ähnlich verdrillten Drahtseilen, wodurch sich die extrem hohe Zugfestigkeit der Stränge erklärt. Damit aber die aus bis zu 1000 Bausteinen, den Aminosäuren, zusammengesetzten Proteinfäden sich derart eng verdrillen können, muss es eine ausgefeilte Gesetzmäßigkeit der aufeinander folgenden Aminosäuren geben. Durch die sich stetig wiederholende Abfolge von je einer stark hydrophilen und zwei hydrophoben Aminosäuren faltet Kollagen nicht in eine globuläre (kugelförmige) Struktur, sondern in längliche spiralige Fasern, die über Wasserstoffbrückenbindungen stabilisiert sind. Diese lagern sich zu langen, hochorientierten Fibrillen zusammen, die durch lokale Quervernetzungen fixiert werden.

Für das Kochen und Schmoren haben diese Strukturproteine eine ganz besondere Bedeutung. Zum einen denaturieren sie bei etwa 70 °C, die Helixstruktur weicht auf, die Wasserstoffbrückenbindungen geben nach. Allerdings erfolgt dieser Prozess nur langsam, denn um derart lange verdrillte Stränge in einzelne Fäden zu lösen, ist eine entsprechende Zeit notwendig, da die Entdrillung immer nur in eine Richtung von den Enden her erfolgen kann. Die Helices entzwirbeln sich damit beim Kochen nach und nach zu Fäden, falls es nicht zu viele Quervernetzungen gibt. Die Einzelfäden nennt man Gelatine, die eine weiche und lockere Struktur hat. Gelatine kann wegen der Vielzahl der positiv geladenen Aminosäuren viel Wasser und Geschmack binden. Schmorfleisch ist deshalb sehr saftig und aromatisch. Beim Abkühlen bilden sich die Helices sporadisch wieder, das eingelagerte Wasser wird wieder verdrängt. Kalter Braten ist somit immer etwas zäher, oder besser gesagt, fester.

Erlaubtes Bratendoping

Marinieren mit der Spritze

Sollte ein Koch seinen Schweinebraten mit Ananas-, Papaya- oder Kiwisaft marinieren und die Marinade dazu mittels einer Injektionsspritze tief ins Innere des Fleisches verfrachten, handelt es sich nicht unbedingt um Spielerei oder gar Angeberei. Derartige Aktionen haben durchaus einen wissenschaftlichen Hintergrund, denn die schiere Anwesenheit des Enzyms Bromelin der Ananas kann Eiweiße, also auch das Bindegewebe des Schweinebratens, zum Abbau veranlassen. Das Fleisch erhält dadurch einen außergewöhnlich zarten Schmelz. Dieser Effekt ist auch zu erahnen, wenn Schweinefleisch mit (Trocken-)Früchten, Ananas inklusive, gegart wird.

Eine Kehrseite dieser Medaille gibt es aber auch: Sollte etwa ein Sonntagskoch versuchen, seinen Fruchtsalat mit Gelatine zu einem kalten Sommerdessert zu gelieren, gelingt dies nicht, sobald sich darin auch nur ein winziges Stück frischer Ananas befindet. Denn dasselbe Enzym, das den Schweinebraten zart macht, veranlasst die Gelatine, sich in kleine Stücke zu zerlegen. Gelatine, meist ebenfalls schweinischen Ursprungs, entsteht beim Auskochen von Schweins- oder Kalbsfüßen, Schwarten und Knochen, also aus sehr kollagenhaltigen Bestandteilen. Kollagen ist ein ähnlich wie ein Stahlseil verdrilltes Strukturprotein, das den Muskeln Halt gibt und sie an den Knochen festbindet. Eine entsprechend lange Kochzeit entdrillt diese harten Proteinstränge zu mehreren weichen Gelatineketten, die sich in Wasser lösen und für dicke Saucen oder abgekühlt für feste Sülzen sorgen. Gelatine besteht aus physikalischer Sicht lediglich aus langen Kettenmolekülen mit vielen elektrisch geladenen Aminosäuren, die viel Wasser binden können. Solange diese Moleküle ausreichend lang sind, bilden sie beim Erkalten ein Netz und fangen – der Ladungen wegen – Wasser, Fruchtsäfte und dergleichen ein und bilden so ein festes Gel. Ist Bromelin im Spiel, werden die Ketten aber immer kürzer. Es wird schwieriger, ein festes Gelee zu bilden, denn die kurzen Kettenstücke bekommen einander nicht mehr zu fassen.

Die Verbindung beider Phänomene regen den „Molekularkoch" zu neuen Gerichten oder neuen Garmethoden an, denn das nächste Mal lässt er für sein Dessert die Ananas weg oder verwendet als Geliermittel das pflanzliche Agar-Agar, dessen Kohlenhydratpolymere die Enzyme verschmähen. Schon geliert der Obstsalat, Ananas inklusive, ohne Probleme. Eine andere Möglichkeit wäre, die Funktion der Enzyme durch Blanchieren der Ananasstücke auszuschalten.

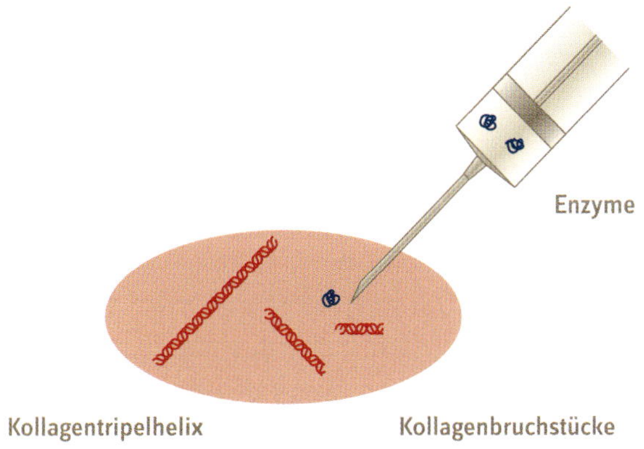

Das Injizieren von Marinaden hat noch einen weiteren physikalischen Grund, denn im Gegensatz zur landläufigen Meinung, Marinaden würden nach hinreichend langer Zeit extrem tief in das Fleisch eindringen, ist dies keineswegs der Fall. Ein einfaches Experiment zeigt: Liegen Fleischstücke in einer Marinade aus einem farbstarken Rotwein, etwa Dornfelder, beträgt die Eindringtiefe der Farbstoffe (und damit der Marinade) selbst nach einer Woche lediglich einige Millimeter. Das ist nach dem Anschneiden mit bloßem Auge zu sehen, kann aber auch mit aufwändigen Techniken geprüft werden. Spritzt dagegen ein Koch die Marinade tief ins Fleisch, gelangt diese an Stellen, die mit Osmose und Diffusion selbst nach Wochen nicht zu erreichen sind. Dann aber hat das Kollagen tief unter der Fleischoberfläche nichts mehr zu lachen. Es geht den stabilen Strukurproteinen schon vor dem Kochen mit der Kraft der Säure und enzymatischer Unterstützung gewaltig an den Kragen. Zu des Essers Gunsten, versteht sich.

Erbsen – mal hart,
mal weich

Krautflecken/Krautlutscher

Huhn über Dampf

Ein Klassiker:
Hunsrücker Sauerfleisch

Meringuen –
Trocknen und Zuckern

Temperaturbereich 80 °C – 100 °C

Erbsen – mal hart, mal weich

100 g	tiefgekühlte Erbsen
120 g	Glucosewassermischung (60 g Glucose und 60 g Wasser)
60 g	Glucosesirup (Bäckerei)
4 g	Salz
300 ml	Wasser
1 g	Agar-Agar

Alle Zutaten bis auf das Agar-Agar in einen Topf geben und so lange kochen, bis die Erbsen ganz weich sind. Mit einem Pürierstab fein pürieren und abkühlen lassen. Die Hälfte des Pürees auf eine Silikonmatte streichen. Die andere Hälfte nochmals aufwärmen, das Agar-Agar unterrühren und ebenfalls auf eine Silikonmatte streichen. Beide Folien im vorgeheizten Backofen bei 80 °C Ober- und Unterhitze etwa 3 Stunden trocknen.

Tipp: Zur Farberhaltung 0,5 g Natriumcitrat zufügen.

Das Agar-Agar bindet Wasser und baut ein weiches Gel auf. Trotz Trocknung bleibt noch Wasser gebunden, das als Weichmacher fungiert. Die Folien sind daher weich und deformierbar. Die Folie ohne Agar-Agar wird spröde und lässt sich nicht mehr so gut defomieren.

Derartige Untersuchungen eignen sich zum Experimentieren mit verschiedenen Geliermitteln. Da hier – im Gegensatz zu Gelen – das Wasser lediglich als Weichmacher agiert, lassen sich die texturalen Eigenschaften der verschiedenen Geliermittel besser testen und die Bindungs- und Geliereigenschaften in den Vordergrund stellen. Das mag sich etwas stupide anhören, ist aber für einen sicheren und kreativen Umgang mit den „Texturizern" oft nützlicher, als stur Rezepturen zu befolgen.

Krautflecken/Krautlutscher

10 g	Ingwer
200 g	rohes Sauerkraut
75 ml	Glucosesirup
40 g	Glucose
30–40 ml	Wasser
	Salz
10 g	Koriandersamen
1	unbehandelte Zitrone

Ingwer schälen und sehr fein würfeln. Zusammen mit den restlichen Zutaten (bis auf Koriander und Zitrone) in einen Topf geben und 30–40 Minuten kochen. Falls nötig noch etwas Wasser zufügen, bis das Sauerkraut weich ist. Die Koriandersamen mörsern. Die Zitrone heiß abwaschen und die Schale in Zesten abziehen. Die Flüssigkeit abgießen. Die Sauerkrautmasse in ein Küchentuch geben, ausdrücken und das Sauerkrautwasser auffangen. Die Sauerkrautmasse in Plätzchenform auf eine Silikonmatte legen, mit Koriander und Zitronenzesten bestreuen und mit etwas Glucosesirup beträufeln. Im vorgeheizten Backofen bei 90 °C Ober- und Unterhitze etwa 2 ½ Stunden trocknen lassen.
Beispielsweise mit kaltem Räucherlachs servieren.

Variation 1: In jeden Krautflecken lassen sich natürlich kleine Holzstielchen einarbeiten. Dann können sie, bei entsprechender Größe, als Sauerkrautlutscher gereicht werden.

Variation 2: Das zuvor aufgefangene Sauerkrautwasser in mehreren Teilen etwas eindicken und auf eine Silikonmatte tropfen. Die etwa 2 cm großen Drops mit gemörsertem Koriander und etwas Zitronenzesten bestreuen und im Ofen bei 80 °C ungefähr 3 Stunden weiter trocknen.

Idee: Eine im Elsass beliebte Kombination ist Sauerkraut mit Fisch, hierzulande eher Sauerkraut und deftige Raucharomen. Dies sind aber Geschmacksrichtungen, die etwas Glucose aushalten: Süß-sauer, sauer-rauchig, umami, süß. Völlig unproblematisch ist es, wenn etwas Ingwer oder Koriander als Geschmacksvermittler eingesetzt wird und die Krautflecken knusprig-spröde bereitet werden.
***Theorie:** Hier passieren gleich mehrere spannende und hochgradig komplexe Vorgänge. Glucose kristallisiert etwa bei 83 °C. Bei diesen Ofentemperaturen trocknet die Zuckerlösung auf ihre Kristallisationstemperatur zu. Durch das vorherige Kochen mit dem Kraut und seiner Säure werden allerdings sehr viele zusätzliche Moleküle herausgelöst und es können sich keine größeren Glucosekristalle bilden. Die molekulare Struktur der Krautflecken wird somit fast amorph. Sie erinnert ein wenig an Glas, auch wenn dies physikalisch nicht korrekt ist. Aus der Struktur und dem intensivierten Sauerkrautgeschmack ergibt sich ein außergewöhnliches Mundgefühl, das sich mit den Räucheraromen des Fischs vollkommen ergänzt.*
***Anmerkung:** Die Süßkraft von Fructose ist etwas höher als die des Haushaltszuckers (Saccharose). Sie ist leicht wasserlöslich, pulvrig, weiß, geruchlos und eignet sich zum Kochen und Backen, wobei sich die Bräunung von Backwaren zum Beispiel erhöht. Bei den Krautflecken würde dieser Effekt aber stören, denn sie dürfen während des Trocknens nicht zu braun werden, damit nicht nur der Geschmack an das Sauerkraut erinnert, sondern auch die Farbe. Die Verwendung von Isomalt statt Glucose ist vorteilhaft. Es gibt während des Trocknens weniger Farbänderungen.*
***Experiment:** Wasser-Zuckergehalt bestimmt Konsistenz: Aus der Sauerkraut-Zuckerlösung lassen sich auch Sauerkrautlutschdrops gestalten: Je nach Wassergehalt werden sie nach dem Trocknen bei milden Temperaturen und nach dem Erkalten mehr oder weniger hart. Gibt man noch Geliermittel (Agar-Agar) dazu, lassen sich Kaubonbons herstellen. Schlägt man noch etwas Fett – warum nicht ein bisschen Schweineschmalz? – und beim Erkalten Luft darunter, bilden sich Kaubonbons. Der Phantasie sind keine Grenzen gesetzt, und ganz nebenbei bekommt der Experimentator ein besonderes Gefühl von Viskoelastizität, Erstarrungs- und Glasübergängen.*

Huhn über Dampf

Für 4 Personen

300 g	Lauch
½	Bund Kerbel
5	Hühnerbrüste ohne Haut (à ca. 150 g)
100 g	abgetropfter Frischkäse
10	Minzeblätter
	Salz
	Pfeffer aus der Mühle

Die grünen Teile des Lauchs von den weißen trennen. Die grünen Stangen 3–4 Minuten in heißem Wasser blanchieren, damit die Blätter weich und formbar werden. Das Weiße in Ringe schneiden. Vom Kerbel die Blätter abzupfen.
Eine Hühnerbrust mit dem Frischkäse und der Hälfte der Kräuter in einem Küchenmixer zu einer feinen Farce pürieren. In die restlichen Hühnerbrüste mit einem scharfen Messer je eine Tasche schneiden, innen leicht salzen und pfeffern und mit der Farce füllen.
Die gefüllten Hähnchenbrüste außen salzen und pfeffern, in die blanchierten grünen Lauchblätter wickeln und gut verschließen. Notfalls zusätzlich in Frischhaltefolie einschlagen.
Wasser in einem großen Topf mit Dampfeinsatz erhitzen. Die weißen Lauchringe mit den restlichen Kräutern in den Einsatz schichten und darauf die eingepackten Hühnerbrüste etwa 20 Minuten dämpfen. Das Einschlagen in Plastikfolie ist nicht notwendig, wenn es gelingt, mit dem Lauch die Brüste gut einzupacken und zu verschließen.

Dämpfen ist eine vielfach vernachlässigte Zubereitungsart. Es handelt sich lediglich um eine dezente Form des Wärmeübertrags – aus molekulargastronomischer Sicht eine äußerst spannende Angelegenheit. Da der Wasserkontakt mit dem Gargut während des Dämpfungsprozesses sehr gering ist, kann die Osmose kein Auslaugen in der wässerigen Lösung bewirken. Was bleibt, ist mehr Geschmack.

Viele Rezepte dieser Art schlagen vor, ein Ei mit in die Farce einzuarbeiten. Das ist in aller Regel überflüssig, denn die in der Farce mitverarbeitete Hühnerbrust liefert die Bindung über ihre Proteinfäden mit. Viele Proteine des zarten Hähnchenfleischs denaturieren schon (teilweise) beim Hacken mit dem Mixer. Beim langsamen Erwärmen der Farce im heißen Dampf spannen sie mit den Eiweißen des Frischkäses das Netzwerk zu einem lockeren Hydrogel auf. Die Zugabe des Eies erfordert überdies eine längere Garzeit und die Füllung gerät unter Umständen zu hart. Diese Tatsache kann bei Frikadellen direkt beobachtet werden: Ohne Ei halten sie auch, sofern das Hack lange genug geknetet wird. Verwendet man zusätzlich Ei, muss immer noch „Lockerungsmaterial", also Brot- oder Semmelbrösel, mit eingearbeitet werden. Sonst werden sie mitunter sehr elastisch.

Ein Klassiker: Hunsrücker Sauerfleisch

Für 6 Personen

2	Zwiebeln
4	Nelken
1	Karotte
150 g	Knollensellerie
1,5 kg	parierte Rinderbäckchen (in Portionen à ca. 150 g)
1 EL	weiße Pfefferkörner
6	Lorbeerblätter
5	Wacholderbeeren
2 EL	Koriandersamen
3	Sternanis
1 l	Wasser
300 ml	Weißweinessig
150 g	geräucherte durchwachsene Speckwürfel
2 EL	Öl
200 g	braune Champignons
75 g	Crème fraîche

Für die Marinade die Zwiebeln schälen und halbieren. Eine Zwiebelhälfte mit den Nelken spicken. Die Karotte schälen, längs halbieren und in Scheiben schneiden. Den Knollensellerie schälen und würfeln. Gemüse, Zwiebeln, Rinderbäckchen und Gewürze miteinander vermischen und mit dem Wasser und Weißweinessig übergießen, sodass alles mit Flüssigkeit bedeckt ist. Im Kühlschrank bei 1-2 °C eine Woche lang marinieren. Das Fleisch herausnehmen und trocken tupfen. Die Marinade durch ein Sieb gießen, Gewürze und Gemüse auffangen und beiseite stellen. Den Backofen auf 180 °C Ober- und Unterhitze vorheizen. Die Marinade aufkochen und abschäumen. Das Fleisch in einen großen feuerfesten Bräter legen, die Speckwürfel dazugeben. Die Marinade zugießen und das Gemüse und die Gewürze zugeben. Langsam auf dem Herd erwärmen und zum Kochen bringen.

Den Bräter für 3-4 Stunden in den Backofen schieben. Danach die Hitze ausschalten und das Sauerfleisch im Ofen über Nacht auskühlen lassen. Das Fleisch herausnehmen und die Schmorflüssigkeit kurz erhitzen. Mit Gemüse und Gewürzen durch ein feines Sieb streichen. Für die Sauce einen Teil des Fonds (den Rest bevorraten) um ⅓ reduzieren. Die Champignons mit einem Pinsel oder einem Tuch putzen und in Scheiben schneiden. In einem separaten Saucier mit Öl anbraten, bis sie ihr Wasser abgeben, und mit ein bis zwei Schöpfkellen des Fonds ablöschen. Die Champignons zur Sauce geben, die Sauce weiter reduzieren und abschmecken. Crème fraîche unterheben und das Fleisch in der Sauce noch ein paar Minuten ziehen lassen. Mit in Butter und einem Bund gehacktem grünen Koriander geschwenkten Bandnudeln servieren.

Der sich bildende Schaum setzt sich aus denaturierten Proteinen aus dem Fleisch zusammen. Diese werden mit dem Wasser an die Oberfläche getrieben, wo sie sich zusammenlagern und ein löcheriges Molekülnetz bilden. Trotz der weitgehend unterschiedlichen Proteine ist dieses Phänomen bei den verschiedensten Kochvorgängen zu beobachten – auch beim einfachen Kochen von Milch. Die Schaumbildung zeigt jedoch noch mehr. Fast jedes Lebensmittel besitzt einen großen Anteil an Proteinen, die sich hervorragend zur Schaumbildung eignen. Daher sind nicht immer Zusatzstoffe notwendig, um Airs herzustellen. Lebensmitteleigene Bestandteile reichen oft aus, sofern es gelingt, sie entsprechend zu aktivieren.

In Fonds und Consommés wird der Schaum immer abgeschöpft. Die Proteine lassen sich zwar in dem Wasser lösen, klumpen dann aber wieder zusammen und sorgen dadurch für eine Trübung der Brühen und Fonds.

Warum Rinderbäckchen? Rinderbäckchen sind ausgezeichnete Schmorstücke. Sie haben ein gutes Verhältnis von Muskelprotein und Kollagen, das einen guten Geschmack garantiert. Zwar werden die Muskelpartien der Bäckchen vollkommen denaturiert, der damit einhergehende Wasserverlust wird aber durch die Wasseraufnahme der Gelatine weit mehr als ausgeglichen. Dadurch gelangen auch viele wasserlösliche Geschmacksstoffe hinein, die je nach Polarität von den verschiedenen Aminosäuren der Gelatine festgehalten werden. Lang geschmorte und kollagenreiche Fleischstücke erhalten somit viel Geschmack der Marinade mit auf den langen Weg. Daher ist die Qualität der Zutaten für die Marinade durchaus wichtig.

Das Sauerfleisch wird hervorragend durch die Petersilienschnuckiputzis von Seite 201 ergänzt.

Meringuen – Trocknen und Zuckern

3	Eiklar
60 g	Puderzucker (Saccharose)
60 g	Traubenzucker (Dextrose)
60 g	Fruchtzucker (Fructose)

Jeweils ein Eiklar mit einer Zuckersorte steif schlagen. Je einen Ei-Schaum in einen Spritzbeutel füllen. Ein Backblech mit Backpapier belegen und mit dem Spritzbeutel 3-4 cm langen Streifen aufspritzen. Die Meringuen im vorgeheizten Backofen bei 90-100 °C Ober- und Unterhitze etwa 60 Minuten trocknen. Die Meringuen sind fertig, sobald sie fest sind.

Die drei verschiedenen Meringuen werden trotz gleicher Zubereitung etwas anders schmecken und auch eine durchaus unterschiedliche Konsistenz haben. Dies liegt vor allem an den molekularen Eigenschaften der verschiedenen Zucker, am Kristallisationsverhalten und den Lösungseigenschaften im Wasser des Eiklars. Die unterschiedliche Süßkraft ist deutlich zu spüren. Fructose hat eine etwas höhere Süßkraft als der Haushaltszucker Saccharose, Glucose etwas weniger. Daher lässt sich Glucose auch molekulargastronomisch einsetzen. Immer dann, wenn Wasserbindung mit kleinen Molekülen erforderlich ist und eine leichte Süße nicht stört, kann mit Glucose gearbeitet werden. In Lösung sorgt sie für eine leichte, aber oft wirksame Wasserbindung. Insbesondere wenn mit Cellulosederivaten (heißes Eis oder heiße Schäume) gearbeitet wird, gibt der Einsatz verschiedener Zucker bessere Resultate. Dann kann mitunter auf den Einsatz weiterer Verdickungsmittel verzichtet werden.

Natürlich können die Meringuen mit diversen Geschmacksrichtungen versehen werden. Das bleibt der Fantasie jedes Einzelnen überlassen. Bei diesem Grundrezept kommt es lediglich darauf an, die Eigenschaften und das Potential der verschiedenen Zucker unter thermischen Bedingungen zu testen und kennenzulernen.

Das Schokoladeneis von Seite 21 ist eine gute Ergänzung zu den Meringuen.

Clementinensauce

Kichererbsen unter Dampf und Druck – Autoklaven in der Küche

Fleischconfit

Provenzalischer Sirup

Weinbergpfirsich-Lavendel-Konfitüre

Temperaturbereich 100 °C - 120 °C

Clementinensauce

Für 4 Personen

- 1 Schalotte
- 4 EL bitter-süße Clementinenmarmelade (oder Orangenmarmelade)
- 200 ml Geflügelfond
- Piment d'Espelette
- Salz
- 3 EL ausgelassenes Entenfett (z.B. von Herstellung der Entenhautgrammerln; siehe Seite 121)
- 1 Msp. Maisstärke

Schalotte schälen und fein würfeln. Marmelade in einer Saucenpfanne erhitzen und leicht karamellisieren lassen. Die Schalottenwürfel zugeben und ebenfalls karamellisieren lassen. Nach und nach den Geflügelfond angießen und gut einreduzieren. Mit etwas Piment d'Espelette und Salz würzen und mit Entenfett und Maisstärke leicht abbinden.

Die Kombination Ente/Gans à l'orange wird hier neu interpretiert. Diese Sauce lebt von der vielleicht etwas ungewöhnlichen Art, eine Marmelade leicht zu karamellisieren. Allerdings hebt dies die bitteren Aromen der Clementinen an, die durch die Maillardreaktion weiter betont werden. Dabei ist bei der Karamellisierung Vorsicht geboten, denn schnell überwiegen Bitteraromen durch entsprechende Maillardprodukte.

Die Bindung mit Maisstärke ergibt eine erstaunliche Sämigkeit, welche die festen Teile der Marmelade gut einbindet. Das Fett gibt dabei Volumen. Die Maisstärke ist vollkommen geschmacksneutral und hat bei gleicher Zugabe „weichere" Bindungseigenschaften als beispielsweise Guarkern- oder Pfeilwurzelstärke.

Stärken sind immer eine Mischung aus zwei verschiedenen Molekülen, der Amylose und dem Amylopektin. Beide sind Polysaccharide, die sich allerdings grundsätzlich in ihren physikalisch-chemischen Eigenschaften unterscheiden: Amylopektin wirkt verdickend, Amylose hingegen gelierend. Daher bestimmt das Verhältnis beider Polysaccharide die Verdickungseigenschaften der Sauce. Bei dem obigen Rezept ist allerdings zu beachten, dass von der Marmelade bereits Pektine zur Verdickung mitgebracht werden. Daher muss auf eine sehr sorgfältige Beigabe der Stärke geachtet werden. Zu zähe Saucen entfalten ein unangenehmes Mundgefühl.

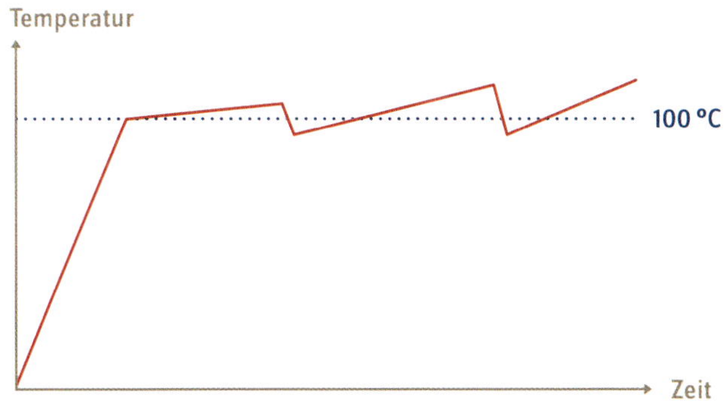

Von der Bindung mit Butter ist bei diesem Gericht abzuraten, da hier zu viele Fremdaromen eingebracht würden. Hier ist eher zu geschmolzenem Gänsefett zu raten, das aus der Haut noch zur Verfügung steht. Das ist geschmacklich konsistenter. Die Sauce emulgiert trotz weitgehend mangelnder Emulgatoren, da die hohe Viskosität, die durch die sperrigen Pektine aus der Marmelade und die hohe Zuckerkonzentration gewährleistet ist, ein schnelles Zerfließen nicht mehr erlaubt.

Zusammen mit der Entenbrust von Seite 123 anrichten, mit den Entenhaut-Grammerln bestreuen und servieren.

Kichererbsen unter Dampf und Druck – Autoklaven in der Küche

Für 4 Personen

200 g	Kichererbsen
	Salz
5 g	Kurkuma
2	rote Zwiebeln
2	Knoblauchzehen
100 g	geklärte Butter (Ghee)
10 g	Panch Phoron, Bockshornkleesamen (Gewürzhändler oder Asia Laden)
1 Msp.	Hingpulver (Teufelsdreck)
2	rote Chilischoten
5 g	Curryblätter (Asia Laden)

Die Kichererbsen in reichlich Wasser über Nacht einweichen. Zusammen mit dem Einweichwasser in einen Schnellkochtopf geben und nach Packungsanweisung druckgaren. Abtropfen lassen, mit Salz und Kurkuma würzen und warm halten. Zwiebeln und Knoblauchzehen schälen und fein würfeln. Die geklärte Butter in einer Pfanne auf 120 °C erhitzen, Panch Phoron dazugeben und warten, bis die Bockshornkleesamen Farbe annehmen. Das Hingpulver unterrühren. Die ganzen Chilischoten und die Zwiebel- und Knoblauchwürfel dazugeben, Farbe annehmen lassen und dabei die Curryblätter einrühren. Die Buttergewürzmischung über die Kichererbsen geben, mischen und anrichten.

Schnellkochtöpfe lehnen viele Köche aus verschiedenen Gründen ab. Bei manchen Hülsenfrüchten haben sie allerdings Vorteile: Die getrockneten Leguminosen werden dabei weicher und quellen besser auf. Der Grund hierfür liegt in der höheren Hitze. Unter Druck steigt bei konstantem Volumen die Temperatur an. Das kann bereits an der einfachsten Formel für ideale Gase (Flüssigkeiten) gesehen werden:

$$pV = Nk_BT$$

Steigt der Druck p, so kann bei gleich bleibendem Volumen V und gleich bleibender Anzahl der Wassermoleküle N nur die Temperatur T steigen. In einem Dampfgarer werden dadurch 120 °C erreicht. Die Garzeit verkürzt sich dabei erheblich.
Dabei ist k_B die Boltzmannkonstante, die fundamentale Naturkonstante der Thermophysik, die beim Kochen immer mit am Herd steht.
Auch ist der direkte Sauerstoffkontakt der zu garenden Lebensmittel durch die hohe Dampfkonzentration reduziert. Dies könnte sich positiv auf die Oxidation von Inhaltsstoffen, wie Vitamine und sekundäre Pflanzenstoffe, auswirken. Auch diese Prozesse werden durch die höhere Temperatur beschleunigt; vom wissenschaftlichen Standpunkt aus lassen sich diese Aussagen jedoch nicht allgemein formulieren. Es gibt Hinweise, die auf eine verbesserte biologische Verfügbarkeit der lipophilen (fettlöslichen) Vitamine hinweisen. Vermutlich ist das nicht nur auf die höhere Temperatur, sondern wohl auch auf den erhöhten Druck zurückzuführen.
Unter Druck und höherer Temperatur werden die Kichererbsen viel weicher als durch das übliche Kochen. Selbst die Zugabe von Salz, das heißt von Ionen, wirkt sich auf die Kochzeit weniger aus. Durch das Garen im Schnellkochtopf kann sogar auf die Zugabe von Natriumbikarbonat (Natron) verzichtet werden. Mittels dieses sehr alten Tricks wird das Kalzium im stark kalkhaltigen Wasser gebunden und als Salz ausgefällt. So können die Kalziumionen nicht in die Hülsenfrüchte eindringen und dort ähnliche Vernetzungen wie bestimmte Polysaccharide bilden, die bei der Verkapselung gezielt angesprochen werden. Dieses Beispiel zeigt: Molekulare Küche ist viel älter als man denkt.

Die Tadka ist eine beliebte Würzmethode für indische Hülsenfrüchte (Dal). Die Zugabe der Chilis zu geklärter Butter ist logisch: Capsaicin, das die Schärfe ausmacht, löst sich nur in Fett. Die große Menge des gewürzten Fetts benetzt daher die gegarten Hülsenfrüchte. Somit legt sich der scharf-pikante Geschmack als feiner Film über die Kichererbsen, der sich beim Zerbeißen der Hülsenfrüchte mit dem Fruchtfleisch verbindet.
Die Butter muss geklärt werden, weil bei den hohen Temperaturen die in der Butter befindlichen Proteine sonst karbonisieren.

Die Kichererbsen sind eine gute Beilage zu Flerischgerichten wie dem Schweinefilet von Seite 111.

Fleischconfit

Für 2 Personen

500 g	Schweinefleisch (Kamm oder Schulter)
	Salz
300 g	Schweineschmalz
	Wasser zum Angießen
je 1	gestrichener TL Szechuanpfeffer, Kubebenpfeffer und Piment
30 g	getrocknete Cranberries
200 ml	Weißwein

Das Fleisch in Würfel schneiden, salzen und 8-12 Stunden gekühlt ziehen lassen. Die Fleischwürfel in einen tiefen beschichteten Topf geben, mit dem Schweineschmalz bedecken und 100 ml Wasser angießen. Temperatur von 0 auf 120 °C erhöhen und 4-5 Stunden auf dem Herd garen. Dabei immer wieder den Temperaturverlauf kontrollieren: In der ersten halben Stunde sollen 120 °C nicht überschritten werden. Immer wieder etwas Wasser angießen, damit sich die Temperatur zwischen 100 und 120 °C einpendelt. Den entstehenden Schaum nicht abschöpfen. Gegen Ende der Kochzeit die verschiedenen Pfefferkörner, die getrockneten Cranberries und den Weißwein dazugeben. Die restliche Flüssigkeit verdampfen lassen, aber wiederum darauf achten, dass die Temperatur nicht über 120 °C steigt, damit eine nennenswerte Maillardreaktion verhindert wird. Im Topf darf zum Schluss nur Fett und Fleisch sein. Das Fleisch wird dann in einzelne Fasern zerfallen sein. Das fertige Confit samt Fett in sterile Gläser abfüllen, verschließen und erkalten lassen.

Das Confit ist eine alte, traditionelle Methode, Fleisch zu konservieren. Dieses Prinzip funktioniert ebenfalls mit Gänse- oder Entenfleisch und hat in Frankreich einen hohen Stellenwert. Die großen Mengen anfallenden Fleisches nach der Schlachtung konnten durch „Einkochen" haltbar gemacht werden. Aus molekularer Sicht leiten sich dabei eine ganze Reihe interessanter Zusammenhänge und Folgen ab, die sich auf neue Gerichte übertragen lassen. Im Vordergrund steht dabei das „Garen in Emulsionen".

Physikalisch haben Fleischconfits eine ausgezeichnete Garmethode, denn die Temperatur übersteigt kaum 120 °C, da stets Wasser nachgegossen wird. Dabei bilden sich selbst während der langen Garzeit keine nennenswerten Röstaromen über die Maillardreaktion. Allerdings schmeckt das Fleisch auch nicht „gekocht", sondern bekommt einen vollkommen eigenen, typischen Geschmack dieser Garmethode. Das Fleisch wird sich während des Garens in seine einzelnen Muskelfasern zerlegen, die sehr trocken sind, denn jegliches Wasser ist während der langen Garzeit aus den Proteinen verschwunden. Dafür liefert das Fett seinen eigenen Geschmack. Die aromatischen Pfeffersorten und die dezente Süße der Cranberries ergänzen sich wunderbar mit dem Schweinefleisch und der reichlichen Fettzugabe. Die Wasserphase löst die Zuckermoleküle, das Fett vorwiegend die Aromen der Gewürze, die durch die Emulsion sehr fein verteilt werden. Dadurch wird der Geschmack homogenisiert und intensiviert.

Die Grundzutaten haben natürlich ihren physikalischen Sinn. Der Wein bringt genügend Säure, er hilft also, das Kollagen rasch zu Gelatine aufzuzwirbeln, das später auch zu Konsistenz und Struktur des Confits beiträgt. Mit der kontrollierten Zugabe von Wasser lässt sich die Gartemperatur sehr gut zwischen 100 und 120 °C einstellen. Die Wassertröpfchen werden vom Fett umschlossen, die Emulsion wird wieder durch Proteine stabilisiert. So kann das Wasser nicht bei 100 °C verdampfen; dafür wäre eine höhere Energie notwendig. Dieser Effekt wird ausgenutzt: Es entstehen keine bitteren und karamellartigen Maillardprodukte und der typische Confitgeschmack ist gewährleistet.

Das vorherige Einlegen in Salz hat auch seinen physikalisch-chemischen Zweck. Das Fleisch gart in einer Wasser-in-Fett-Emulsion, also muss das Fleisch vorher gut gesalzen werden.

Kristallisation von: Fructose

Glucose

Trehalose

Provenzalischer Sirup

500 g	Zucker
500 ml	Wasser
10 ml	Zitronensaft (oder etwas Ascorbinsäure)
1	Bund Thymian
1	Zweig Rosmarin
	Wodka

Alternative:

250 g	Glucose
250 g	Fructose
500 ml	Wasser
1	Bund Thymian
1	Zweig Rosmarin
	Wodka

Den Zucker mit Wasser und Zitronensaft 10-15 Minuten bei 105-110 °C kochen. Die Kräuter in das kochende Wasser legen und die Hitze ausschalten. Das Zucker-Zitronen-Kräuterwasser etwa 1 Stunde ziehen lassen. Danach den Sirup durch ein Sieb gießen und kurz aufkochen. Etwas Wodka in eine leere Flasche gießen, bis der Flaschenboden bedeckt ist, und den Sirup dazugießen. Verschließen und aufbewahren.

Alternative:
Glucose und Fructose mit Wasser 10-15 Minuten bei 105-110 °C kochen. Die Kräuter in das kochende Wasser legen und die Hitze ausschalten. Das Glucose-Fructose-Kräuterwasser 1 Stunde ziehen lassen. Danach den Sirup durch ein Sieb gießen und kurz aufkochen. Etwas Wodka in eine leere Flasche gießen, bis der Flaschenboden bedeckt ist, und den Sirup dazugießen. Verschließen und aufbewahren.

Bei der Verwendung von Haushaltszucker ist die Zugabe von Säure hier der entscheidende Punkt: Durch das Kochen von Zucker und Wasser wird das Disaccharid des Haushaltszuckers in Glucose und Fructose gespalten, was die spätere Kristallisation des Sirups verhindert: Große Kristalle würden sich an kleinen Unebenheiten der Flasche oder an kleinen Staubeinlagerungen bilden, die sich nie ganz vermeiden lassen. Statt Zitrone lässt sich auch Ascorbinsäure zugeben.

Bei der direkten Verwendung der Fructose-Glucose-Mischung wird dies nicht passieren. Reine Fructose kristallisiert zwar auch, aber wesentlich langsamer als andere Zucker. Während viele Glucosen, Lactosen, Saccharosen schnell deutliche Kristalle bilden, bleibt die Fructoselösung noch flüssig. Mischt man beide Zuckersorten, behindern sich die verschiedenen Zuckermoleküle gegenseitig, ihren gleichen Partner zu finden. So bleibt der Glucose-Fructose-Sirup flüssig.

Reine, stark übersättigte Fructoselösungen zeigen erst nach Wochen regelmäßige Kristalle.

Zum Apero etwas Sirup in ein Weinglas geben und mit gut gekühltem südfranzösischen und trockenen Weißwein aufgießen.

Weinbergpfirsich-Lavendel-Konfitüre

Für 2 Personen

1 kg	Weinbergpfirsiche
	Saft von 1 Zitrone
800 g	Zucker
	Lavendelblüten nach Belieben

Die Weinbergpfirsiche mit kochendem Wasser überbrühen, schälen und in 1 cm große Würfel schneiden. Kerne und Schalen aufbewahren, in ein Gazetuch wickeln und mit einem langen Küchenfaden fest verschließen. Die Früchtewürfel mit dem Gazesäckchen in einen beschichteten Topf geben, mit dem Zitronensaft auffüllen, mit dem Zucker bedecken und 24 Stunden an einem kühlen Ort (ideal sind 8-10 °C) ziehen lassen. Dabei bildet sich ein dicker Sirup.
Die Fruchtmasse aufkochen, sanft umrühren und wieder abkühlen lassen. Weitere 24 Stunden ruhen lassen. Durch ein feines Mulltuch gießen. Den Sirup in dem beschichteten Topf bis 105 °C erhitzen. Früchte und Lavendelblüten zugeben und unter ständigem Rühren etwa 5 Minuten sprudelnd kochen lassen. Zeigt die Gelierprobe auf einem kalten Teller die gewünschte Konsistenz, wird die Konfitüre in sterile Gläser mit Schraubverschluss abgefüllt.

Die Lavendelblüten lassen sich durch viele andere Zutaten ersetzen: Verveine, Rosmarin, ganz wie es beliebt und schmeckt.

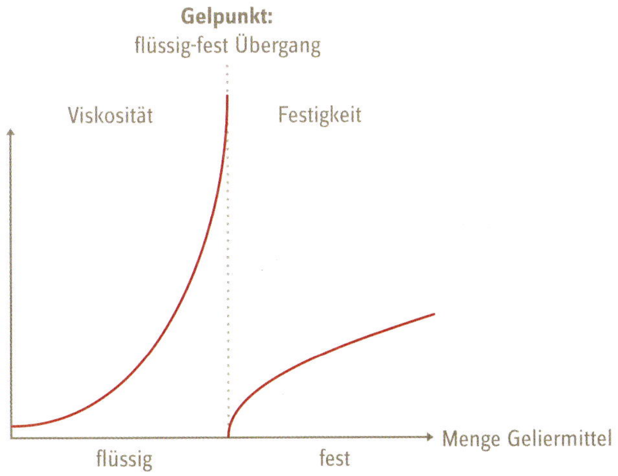

Gelierhilfen sind bei dieser Methode nicht notwendig. Die althergebrachte Methode zum Einkochen von Früchten (oder Gemüse) verzichtet vollkommen auf zusätzlich eingebrachte Gelierhilfen. Jede Pflanze enthält Kohlenhydrate, die gelierfähig sind: Pektine, viele Früchte in ausreichender Form. Die Osmose über den Zucker löst dieses wasserlösliche Pektin aus den Pflanzenzellen. Durch das kurze Aufkochen wird dieser Prozess unterstützt.
Die Gelierprobe: einen kleinen Tropfen auf einen kalten Teller geben, schräg halten und die Fließeigenschaften beobachten. Kommt der Tropfen schnell zum Stillstand, bekommt die Konfitüre nach Abkühlung eine angenehme Konsistenz.
Das Einkochen des Sirups sorgt für die Vernetzung der Pektinmoleküle. Dabei verdunstet eine ausreichende Menge Wasser, sodass die Pektinketten „näher zusammenkommen". Die Moleküle sind dann gelierfähig, das heißt die Molekülverbände aus den Pektinketten können untereinander „perkolieren". Dazu lagern sich die langen Fäden aneinander und bilden beim Abkühlen an verschiedenen Stellen verschraubte helixförmige Strukturen. Wären alle Pektinfäden im Glas miteinander verbunden, so wäre die Marmelade fest. Daher ist es ratsam, immer unterhalb dieser Schwelle zu bleiben, sodass die Konfitüre noch sehr zähflüssig ist, sich aber schon große verbundene Gelstücke gebildet haben (siehe Grafik). Damit dies so vonstatten gehen kann, ist eine Temperatur von 105 °C notwendig. Dann „stimmt" das Wasser-Säure-Zucker-Pektin-Verhältnis. Das Gelieren von Konfitüren ist aus molekularer Sicht weitaus komplizierter, als sich dies hier darstellen lässt.

Mandelstreusel
für grüne Bohnen

Kalbsnieren
(Rognons de veau)

Talg

Glacierte Paprika
mit Thunfisch

Lebkuchenleber
mit Apfelinterpretation

In Zucker braten

In Zucker braten: Spargel,
Petersilienwurzel & Co.

Zuckerpastinaken
mit Rauch-Öl-Aromen

Temperaturbereich 120 °C – 140 °C

Mandelstreusel für grüne Bohnen

Für 2 Personen

400 g	Buschbohnen
1 l	Gemüsebrühe
100 g	Zwiebeln
6	Knoblauchzehen
10	Zweige Thymian
1	Zweig Bohnenkraut
100 g	Butter
1 Msp.	Piment d'Espelette
	Salz
100 g	fein gemahlene Mandeln

Die Bohnen putzen und in der Gemüsebrühe bissfest garen. Zwiebeln und Knoblauch schälen und fein würfeln. Von Thymian und Bohnenkraut die Blätter abzupfen und fein hacken. Die Butter in einer Pfanne schmelzen und die Zwiebel- und Knoblauchwürfel glasig andünsten. Die Kräuter und Piment d'Espelette zugeben und etwas salzen. Unter Rühren langsam die Temperatur erhöhen, bis die meiste Flüssigkeit verdampft ist. Die fein gemahlenen Mandeln zugeben und so lange mitrösten, bis sie ein wenig Farbe angenommen haben und eine ähnliche Struktur wie Streusel entstanden ist. Die Streuselmasse auf die grünen Bohnen geben und servieren.

Die so zubereiteten Bohnen sind eine schöne Beilage zu den Kalbsnieren von Seite 169.

Kalbsnieren (Rognons de veau)

Für 8 Personen

5	Schalotten
2	Kalbsnieren mit Nierenfett
100 ml	Wasser
200 ml	Kalbsfond
5	frische Lorbeerblätter
4	aufgebrochene Kardamomkapseln
50 ml	Madeira
	Salz
	Pfeffer aus der Mühle
	eiskalte Butter

Die Schalotten schälen und fein würfeln. Das Fett von den Nieren lösen und in einer beschichteten Pfanne auslassen. Das Nierenfett auffangen. Die Schalotten mit 4 EL Nierenfett andünsten. Wasser zugeben, weiter dünsten und einreduzieren, bis die Schalotten weich sind. Den Kalbsfond aufgießen, die Lorbeerblätter und die aufgebrochenen Kardamomkapseln zugeben und einkochen lassen. Mit etwas Madeira aufgießen und noch etwas einreduzieren lassen. Mit dem restlichen Madeira sowie mit Salz und Pfeffer abschmecken.
Die Nieren im Ganzen mit dem restlichen Nierenfett anbraten und warm halten. Den ausgetretenen Bratensaft zur Sauce geben. Die Lorbeerblätter und die Kardamomkapseln entfernen. Die Butter würfeln und portionsweise unterrühren, bis die Sauce sämig ist. Die gebratenen Nieren in Scheiben aufschneiden, auf einem Teller anrichten und mit der Sauce nappieren.

Nieren besitzen ein sehr empfindliches Gewebe. Sie werden schnell zäh und gummiartig. Das Braten der ganzen Niere ist daher eine Herausforderung. Sie muss im Kern noch quasi roh sein, denn nur dann ist sie von ihrer ausgezeichneten Konsistenz. Außen darf sie nur leicht gebräunt sein. Das Nierenfett besteht im Wesentlichen aus Talg. Talg ist sehr hart und wird erst bei relativ hohen Temperaturen weich. Der hohe Schmelzpunkt des Rindertalgs (Rinderfett) zeigt seinen großen Anteil an ungesättigten Fettsäuren, die beim Abkühlen schnell kristallisieren. Daher wirkt reiner Rindertalg im Mund sehr unangenehm: Er ist dort bei Temperaturen um 37 °C bereits fest (siehe Tabelle, Seite 171) und legt sich wie ein dünner Film über Zunge und Gaumen, der mit dem Speichel nur schwer zu entfernen ist. Nichtsdestoweniger erfüllt das Nierenfett hier seinen molekularen Zweck. Es macht genau wegen dieser Eigenschaft die Sauce sämiger, da es in winzigen Partikelchen auskristallisiert und diese in die Sauce emulgiert werden. Die Zugabe von Butter verhindert aber den typischen Talgeffekt, sodass die Sauce von ihrer guten Bindung und dem intensiven Geschmack lebt.

Warum Kardamom? Dies ist sicher Geschmackssache. Allerdings erhält der übliche Lorbeer-Madeira-Duft durch den Kardamom eine sehr aromatische, schärfere Komponente, die sich hervorragend mit der Butter gebundenen Sauce erschließt.

Dank gebührt hier Michael Hoffmann (Margaux, Berlin), der die Niere briet und fachgerecht behandelte.

Dazu: Mandelstreusel und Bohnen, Seite 167.

Talg und andere „Mischfette“

Talg ist eine feste, meist gelbliche Masse aus tierischen Fetten. Sie enthalten hauptsächlich Fettsäuren mit gerader Anzahl von Kohlenstoff-Atomen, die für den menschlichen Organismus verdaulich sind. Es kommt jedoch auch eine geringe Menge Fettsäuren mit ungerader C-Zahl vor. Beispiele hierfür sind die Pentadecansäure (C15) und die Margarinsäure (C17).

Zusammensetzung von Rindertalg:

Fettsäure-Komponente	*Rindertalg*	*Schmelztemperatur °C*	*Gewichtsanteil in %*
Laurinsäure	12:0	43	0,5
Myristinsäure	14:0	53,9	3
Pentadecansäure	15:0	52	1
Palmitinsäure	16:0	62,8	25
Palmitoleinsäure	16:1	1	3
Margarinsäure	17:0	61,3	2
Stearinsäure	18:0	69,6	19
Ölsäure	18:1	13,4	40
Linolsäure	18:2	-5,0	4
Linolensäure	18:3	-11,0	1
Behensäure	22:0	80,0	1

Die Tabelle zeigt, dass die Schmelztemperaturen der mengenmäßig dominierenden Fette im Talg sehr hoch sind. Dadurch werden Saucen mit einem kleinen Talganteil, wie etwa bei der Verwendung von Nierenfett, extrem standfest.

Die Fettsäurentabelle des Talgs, aus dem das Nierenfett vorwiegend besteht, zeigt dessen Vielfalt aus molekularer Sicht. Im Talg kommen sowohl relativ kurzkettige Fettsäuren vor als auch viele gesättigte. Diese sorgen für den relativ hohen Schmelzpunkt von Talg, der letztlich auch für das „talgige“ Gefühl auf der Zunge verantwortlich ist. Allerdings lässt sich damit auch die Saucenkonsistenz gut einstellen, da Schmelzpunkt und Viskosität der Sauce von allen beteiligten Fettsäuren und deren Anteilen bestimmt werden. Das physikalische und damit auch geschmackliche Verhalten kann somit durch einen kleinen Anteil Talg sehr effektiv gesteuert werden.

Ein physikalisch ähnliches „Experiment“ ist die grüne Schokoladen-Kernöl-Sauce, bei der Fette unterschiedlicher Schmelzpunkte benutzt wurden, um die Saucenkonsistenz einzustellen (siehe Seite 65). Auch die bei Gastronomen beliebte „Olivenölbutter“ stammt aus derselben physikalischen Trickkiste: Olivenöl (Schmelztemperatur 10 - 13 °C) mit Kakaobutter (Schmelztemperatur 30 - 35 °C) im Verhältnis 2:1 im warmen, flüssigen Zustand gemischt, ergibt ein „Mischfett“ mit einer Schmelztemperatur von ca. 20 °C, also butterig fest und streichfähig. Die angenehme Konsistenz wird durch die ausgewogene Fettsäurenzusammensetzung der Kakaobutter getragen.

Mit Kokosfett statt Kakaobutter funktioniert Olivenbutter auch, wenn auch mit sensorischen Abstrichen. Der Grund ist in dem Fettsäurenspektrum des Kokosfetts zu suchen. Wie der Talg besitzt Kokosfett einen hohen Anteil an Laurinsäure (12:0) und Myristinsäure (14:0). Kakaobutter ist „schmelziger“, da sie viel Palmitinsäure (16:0), Stearinsäure (18:0) und die im Olivenöl dominierende Ölsäure (18:1) enthält.

Lust am Experiment bekommen? Kein Problem: Versuchen Sie, Kürbiskernölbutter aus dunkelgrünem Kürbiskernöl und Kakaobutter zu mischen, und Sie sehen: Es funktioniert nicht nur, es schmeckt auch ausgezeichnet.

Fazit: Die molekularen und geschmacklichen Eigenschaften von Fetten werden mit den Schmelzpunkten bestimmt.

Glacierte Paprika mit Thunfisch

Für 2 Personen

400 g	rote Paprikaschoten
4 EL	Olivenöl
30 g	Zucker
	Salz
	Pfeffer aus der Mühle
2	Thunfischfilets (à ca. 180 g)
1 EL	Limonensaft
	Piment d'Espelette
	Fleur de Sel

Die Paprikaschoten putzen und in Streifen schneiden. 2 EL Olivenöl in einer Pfanne erhitzen und die Paprikastreifen darin anbraten. Den Zucker zugeben, mit Salz und Pfeffer abschmecken und das Paprikagemüse gut vermischen.

In einer Bratpfanne das restliche Olivenöl erhitzen, die Thunfischfilets von jeder Seite kurz anbraten. Mit Limonensaft ablöschen und mit den Gewürzen abschmecken. Die Thunfischfilets auf dem Paprikagemüse anrichten.

So einfach es klingt, so molekulargastronomisch ist es wieder einmal. Sobald der Paprika im heißen Öl angebraten wird, gibt er einen Großteil seines gebundenen Wassers ab. Davon verdampft wiederum ein Teil, allerdings wird gleichzeitig etwas davon ins Öl emulgiert.
Das Garen findet also bei kontrollierter Temperatur statt. Beim Einstreuen des Zuckers wird sich daher ein Teil in dem gerade noch vorhandenen Wasser lösen und ein Teil erweichen, sobald die Temperatur auf 140–150 °C steigt. Da sich allerdings Zucker im Öl nicht lösen kann, wird er sich auf den entsprechend hydrophilen Molekülen der Paprikastreifen anlagern und dort zum Karamellisieren und zur Maillardreaktion beitragen. Dadurch entsteht eine molekulare Geschmackssensation, die mit anderen Zubereitungsmethoden kaum zu erreichen ist.

Lebkuchenleber mit Apfelinterpretation

Für 3-4 Personen

20 g	Rosinen
10 ml	weißer Rum
600 g	Rehleber
100 g	Lebkuchen oder Gewürzbrot (Chapelure pain d'épice)
80 g	Schalotten
10 g	frischer Ingwer
10 g	Szechuanpfeffer
300 g	säuerliche Äpfel (z. B. Granny Smith)
50 g	Butter
	Salz
2	Eiweiß
200 g	Butterschmalz

Die Rosinen mindestens 1 Stunde in Rum einlegen. Die Rehleber putzen und in etwa 3 cm große Würfel schneiden. Den Lebkuchen zerbröseln. Die Schalotten und den Ingwer schälen und fein würfeln. Den Szechuanpfeffer mörsern. Die Äpfel schälen und vierteln, Kerngehäuse entfernen und fein würfeln. Schalotten- und Ingwerwürfel in der Butter glasig andünsten und mit einer Prise Szechuanpfeffer würzen. Die Apfelwürfel zugeben und alles leicht karamellisieren lassen. Die eingelegten Rosinen und den Rum zugeben und mit Salz und dem restlichen Szechuanpfeffer abschmecken. Sanft weiter dünsten, bis die Äpfel bissfest gegart sind. Das Eiweiß leicht anschlagen, die Leberstücke darin wenden und mit Lebkuchenbröseln panieren. In heißem Butterschmalz (weniger als 160 °C) ausbacken und mit der Apfelinterpretation servieren.

Abwandlung: Lammleber mit Lavendelpanade: Dazu die Leber in Maisstärke, Eiklar und Lavendelblüten panieren und bei milder Hitze in Butter ausbacken.

Obwohl die Leberstücke paniert sind, darf die Temperatur nicht zu hoch sein. Dies würde der feinen Panade aus pain d'épice schaden. Die Leberstücke dürfen ohnehin keinesfalls durchgebraten sein. Konsistenz und Geschmack würden darunter sehr leiden.

Leber enthält sehr viele Proteine, die sehr leicht, d. h. schon unter geringer Hitze, koagulieren und sich zu einem sehr engmaschigen Netzwerk verheddern und verschlaufen. Leber hat auch im Vergleich zu anderen Innereien nicht so viel Wasser eingelagert, daher ist es unbedingt notwendig, den Garzustand präzise zu kontrollieren. Die starke Bindungsfähigkeit der Proteine kann bei vielen Küchenanwendungen ausgenutzt werden. Leber agiert, etwa bei der Produktion von Terrinen oder Würsten, als hervorragendes Bindemittel, das einen intensiven Geschmack mit sich trägt (siehe auch Sauce mit foie gras gebunden bzw. emulgiert siehe Seite 87). Dies begründet sich auch aus der Aminosäurenzusammensetzung der Leberproteine, die Fett und Wasser besonders gut emulgieren.

Leber hat außerdem einen hohen Anteil der Farbstoffe Myoglobin und Hämoglobin, die sich mit der Temperatur verändern. Übergarte Leber ist daher nicht nur fest und zäh, sondern auch entsprechend grau.

In Zucker braten

Die Idee ist folgende: Auf das Öl für den Garvorgang soll hier vollkommen verzichtet werden, da hohe Temperaturen auch mit erweichtem oder geschmolzenem Zucker erreicht werden können. Zucker kann zum Wärmeübertrag verwendet werden, wann immer es geschmacklich einträglich ist, zum Beispiel bei Spargel, Zwiebeln, Petersilienwurzeln oder roter Paprika. Für alle Lebensmittel, die selbst eine gewisse Süße in sich tragen, ist diese Methode willkommen.

Es darf gut und gern weißer Spargel sein, denn dass weißer Spargel diese Prozedur nicht verträgt, ist eine Mär. Es geschieht etwas Wunderbares: Der weiße Spargel wird mit dem geschmolzenen Zucker überzogen und beginnt mit einer sanften Bräunung. Dabei wird an der Oberfläche des Spargels, dessen Zellgerüst angeknackst ist, darin gebundenes Wasser freigesetzt, das nun aber nicht das Kochwasser verdünnt, sondern den Zucker wieder etwas kühlt, sodass ein sanftes Garbräunen möglich ist. Natürlich hilft man mit Fond nach, um die Temperatur zu kontrollieren: Immer wieder etwas Fond angießen, ohne den Spargel zu überschwemmen, sondern nur tropfenweise, sodass der Pfanneninhalt sanft bräunt, aber nicht kocht. So wird der Spargel nicht matschig, sondern gart kontrolliert und behält seinen Biss, ohne roh zu wirken. Schmand und Sahne müssen nur noch erwärmt werden, ebenso der Balsamico.
Obwohl auch die gebräuchlichen Monosaccharide wie Glucose und Fructose kristallin vorliegen und bei Hitze aufschmelzen, gibt der Haushaltszucker bessere Ergebnisse. Dies lässt sich auf das thermische Verhalten des Disaccharids Saccharose (Haushaltszucker) zurückführen. Haushaltszucker hat einen Erweichungspunkt bei etwa 150 °C, ohne dass dabei alle Kristalle schmelzen. Wird der Zucker über diesen Erweichungspunkt hinaus erwärmt, bleibt er selbst beim Abkühlen über einen weiten Temperaturbereich zähflüssig und formbar (was von Zuckerbäckern ausgenützt wird: So funktioniert Zuckerwatte, und Patissiers können wohlgeformte Zuckerdekorationen herstellen). Beim Braten mit Zucker muss die Temperatur nach dem Erweichen bei etwa 120–140 °C gehalten werden, damit die Bräunungsreaktion nicht zu früh einsetzt. Bei den Monosacchariden gibt es diesen ausgeprägten Temperaturbereich nicht. Braten mit Monosacchariden ist daher etwas schwerer zu handhaben.

Natürlich zeigt der Zucker dabei eine Bräunung: Er karamellisiert. Das kann beim Haushaltszucker nicht verhindert werden. Der Zuckerersatzstoff Isomalt (ein Gemisch aus Isomaltit und Glucosopyranosido (1->6)-D-Fructose) zeigt diese Karamellisierung kaum. Daher ist Isomalt einen Versuch wert.

In Zucker braten: Spargel, Petersilienwurzel & Co.

Für 2 Personen

60 g	Zucker
	Fleur de Sel
	schwarzer Pfeffer aus der Mühle, grob gemahlen
500 g	weißer Spargel
2	Stängel glatte Petersilie
100 ml	Geflügelfond
	Salz
70 g	Schmand
30 ml	Sahne
1 EL	dunkler Balsamico-Essig

40 g Zucker in einer Pfanne hell karamellisieren, auf ein großes rechteckiges Stück Backpapier oder eine Silikon-Backmatte geben und mit Fleur de Sel und Pfeffer bestreuen. Die Hälfte des Backpapiers darüber legen und mit einem Nudelholz ausrollen. Das Karamell auskühlen lassen und in Stücke brechen.

Den Spargel putzen, schälen und in etwa 3 cm lange Stücke schneiden. Von der Petersilie die Blätter abzupfen und in Streifen schneiden. Den restlichen Zucker in einer Pfanne schmelzen lassen. Die Spargelstücke dazugeben und dabei stets rühren, bis sie so gleichmäßig wie möglich mit Zucker überzogen sind. Immer wieder Geflügelfond in kleinen Mengen dazugeben, fast einkochen lassen. Dabei bereits salzen und pfeffern. Den Schmand mit der Sahne verrühren und zugeben. Das Spargelragout mit dem Balsamico-Essig verfeinern.

Mit den Karamellstücken und der Petersilie anrichten.

Zuckerpastinaken mit Rauch-Öl-Aromen

Für 4 Personen

250 g	Pastinaken
250 g	Petersilienwurzel
100 g	geräucherte durchwachsene Speckwürfel
40 g	Zucker
	Salz
50 ml	fruchtiges Olivenöl
	Pfeffer aus der Mühle
30 g	mittelalter Parmesan

Pastinaken und Petersilienwurzel schälen und in Würfel schneiden. Die Speckwürfel in einer Pfanne knusprig auslassen, herausnehmen und auf Küchenpapier abtropfen lassen. In diesem Fett den Zucker zum Schmelzen bringen. Sofort die Gemüsewürfel dazu geben, leicht salzen und bei 120-140 °C unter ständigem Rühren bissfest garen. Von der Kochstelle nehmen, das Olivenöl darunter rühren und mit Salz und Pfeffer abschmecken. Den Parmesan in dünne Scheiben hobeln. Das Gemüse mit den knusprigen Speckwürfeln und dem Parmesan zusammen anrichten.

Alternativ zu den dünn gehobelten Parmesanscheiben passen hierzu auch gut Parmesanhippen – oder Parmesan-Gelwürfelchen.

Beim Auslassen des Specks kann das Schmelzen der im Speck enthaltenen Fettsäuren beobachtet werden. Die Fettkristalle schmelzen, der Speck wird nach und nach durchsichtiger. Solange das Fett schmilzt, kann der Speck nicht knusprig werden, denn die Temperatur steigt nicht über 69 °C (siehe Tabelle Fettsäuren und Schmelzpunkte, Seite 187). Bei der Zuckerzugabe wird dieser zwar im Fett schmelzen, sich aber wegen seiner Lipophobität nicht mischen. Erst beim Einsetzen der Bräunung kann dies geschehen. Er wird also zuerst schmelzen und sich dann chemisch mit seinen Karamellkomponenten umsetzen.

Die Zuckerpastinaken ergänzen die Hähnchenschenkel von Seite 189.

Asiatisches Bier-Rind

Blut- und Leberwurst-Beignets

Hähnchenschenkel mit Paprika-Espelette-Kruste im Römertopf

Alles im Lack: Hühnerbrust mit Tamarindenhonig

In Zucker gebratenes Lammfilet

Frittieren mit Zucker – Trehalose

Süßes Frittieren: Gulab Jamun und Safransirup

Crocin

Petersilienschnuckiputzis

Temperaturbereich 140 °C – 200 °C

Asiatisches Bier-Rind

Für 2-3 Personen

400 g	Rindersteak
1	Flasche (0,33 l) dunkles Bier mit deutlicher Malznote (z. B. Grimbergen) oder Malzbier
50 g	Schalotten
150 g	Karotten
20 g	frischer Ingwer
2 EL	Erdnussöl
	Salz

Das Rindersteak in feine Streifen schneiden, in das Bier einlegen und 24 Stunden marinieren. Schalotten, Karotten und Ingwer schälen und ebenfalls in feine Streifen schneiden. Das Erdnussöl in einem Wok erhitzen. Das Rindfleisch gut abtupfen und portionsweise im Wok scharf anbraten. Die Fleischstreifen dürfen nur außen gebräunt und sollen innen noch rot sein.
Das Fleisch herausnehmen und bei 50 °C warm halten. Die Gemüsestreifen in der Reihenfolge Karotten, Ingwer und Schalotten scharf anbraten und leicht salzen.
Die Biermarinade nach und nach dazugeben und etwas einkochen lassen. Zum Schluss die Rindfleischstreifen nochmals kurz mitschwenken und mit Salz abschmecken.

Dieses Beispiel lebt von dem Zusammenwirken verschiedener Zuckermoleküle, die sich beim scharfen Anbraten im Wok mit den daraus resultierenden Maillardprodukten gegenseitig ergänzen. Dies sind zum einen die malzigen Kohlenhydratanteile des Biers, die sich in die Maillardprodukte einfügen, zum anderen die Gemüse, die sich mit den Zuckern und den entstehenden Bräunungsstoffen vertragen: Karotten und Schalotten weisen selbst einen höheren Zuckeranteil auf. Daher ist die Wahl für die Schärfe, der Ingwer, logisch: Sein Gingerol verbindet diese Aromen problemlos.

Für dieses Gericht wurde der Wok gewählt, um dessen Vorteile für schnelle Bräunung zu betonen. Der Wärmeübertrag ist dabei sehr effektiv. Die konzentrierte Hitze im Zentrum des Woks erlaubt ein scharfes Anbraten der Rindfleischstreifen, ohne dass es bis zur vollständigen Trocknung übergart. Dies sollte portionsweise geschehen, denn das Fleisch kühlt das Öl im Wok leicht ab. Fällt die Temperatur zu stark, kann eventuell austretendes Wasser nicht schnell genug verdampfen und emulgiert mit dem Öl.
Dabei sinkt die Temperatur im Wok weit ab (siehe Gartheorie Seite 133) und die erwünschten Röststoffe können sich nicht rasch genug bilden. Die Fleischstreifen köcheln eher und werden unter Umständen zu trocken, was nicht der Sinn des Garens im Wok ist. Dieser Effekt kann auch abgemildert werde, wenn das Rindfleisch auf etwa 50–55 °C vorgewärmt wird. Beim Rindfleisch ist bis zu dieser Temperatur keine für den Garprozess nennenswerte Proteindenaturierung möglich.

Blut- und Leberwurst-Beignets

Für 5 Personen

100 g	Weizenmehl (Typ 405)
100 ml	Wasser
	Salz
1 g	Natriumhydrogencarbonat (Natron)
1 g	getrockneter Majoran
30 g	Maisstärke
je 10	Scheiben geräucherte Blut- und Leberwurst
½ l	Öl zum Frittieren

Aus Mehl, Wasser, Salz, Natriumhydrogencarbonat, Majoran und etwas Maisstärke einen glatten, dünnflüssigen Teig herstellen.
Geräucherte Blut- und Leberwurstscheiben in der restlichen Maisstärke wenden und so in den dünnflüssigen Teig tauchen, dass sie gut damit überzogen sind.
Öl auf 160 °C erhitzen und die Wurstscheiben darin goldbraun frittieren.

Diese Beignets passen wunderbar zum Sauerkraut, das mit gewürfelten Quitten gegart wurde. Dieses Sauerkraut fällt in die Kategorie „Anbraten mit Zucker". Dazu werden Schalotten in Zucker und Gänsefett (oder Schweineschmalz) glaciert und das Sauerkraut zusammen mit gewürfelten Quitten darin gar gedünstet.

Eine wichtige Zugabe ist in der Tat das Natriumhydrogencarbonat. Das Pulver gibt unter Wärmezufuhr gebundenes Kohlendioxid CO_2 schnell frei. Der Frittierprozess wird kurz nach dem Eintauchen der Beignets in das heiße Öl eingeleitet. Um den sehr dünnen Teighüllen dennoch eine gleichförmige Bläschenstruktur und damit eine Teiglockerung zu geben, ist die Zugabe von Natriumhydrogencarbonat notwendig. Gäbe man dem Backprozess jetzt Zeit, könnten sich diese Bläschen ausbilden. Hier ist allerdings die Hitze zu hoch, um große Bläschen zu gestatten. Die dünne Teighülle wird relativ schnell gegart, weil das Wasser sofort verdampft. Mit Hilfe des Natruimhydrogencarbonats bleiben die Bläschen klein und vor allem weitgehend gleichmäßig. Diese feine, regelmäßige Bläschenstruktur, die während des Frittierens „fixiert" wird, sorgt für eine krachende Kruste der Beignets. Dabei hilft auch die Maisstärke, denn sie nimmt das aus den Würsten austretende Wasser sofort auf. Daher ist es sinnvoll, die Blut- und Leberwurstscheiben in Maisstärke zu wenden. Auch haftet der Beignetteig dann besonders gut. Viele eifreie Panaden nutzen ähnliche Tricks zur Wasserbindung. Deshalb haftet Industriepanade aus chemisch modifizierten Stärken, die Wasser schnell aufnehmen, oft besser als die klassischen Versionen mit Ei und Semmelbröseln.
Die Wirkung und die hervorragenden Bindeeigenschaften der Maisstärke werden leider oft unterschätzt. Maisstärke fügt sich in Saucen als hervorragendes, geschmacksneutrales Bindemittel mit ähnlichen molekularen Eigenschaften wie Pfeilwurzelstärke (arrow root) oder Guarkernmehl. Sie kann auch in Verbindung mit fettemulgierten Saucen verwendet werden, da ihre Bindefähigkeit nur die Wasserphase anspricht. Die Zugabe von 10-20 ml reinem Alkohol sorgt ebenfalls für eine sehr kleinporige Kruste. Alkohol verdampft bei ca. 78 °C zuerst und entweicht schneller als das Wasser. Dabei wird die Porengröße festgelegt. Durch die so vorgefertigten Poren kann anschließend Wasser abdampfen.

Fettsäuren und Schmelzpunkte

Fettsäure		*Anteil %*	*Schmelzpunkt °C*
Palmitinsäure	C16:0	23,5	69
Sterainsäure	C18:0	14	63
Ölsäure	C18:1	38	13
Linolsäure	C18:2	16	-5
Linolensäure	C18:3	1	-11
Archidoninsäure	C20:4	1	-49

Schmelzpunkte von Fettsäuren mit 18 Kohlenstoffatomen mit unterschiedlichem Sättigungsgrad.
Ungesättigte Fettsäuren (hier die Stearinsäure 18:0) hat einen wesentlich höheren Schmelzpunkt als ungesättigte Fettsäuren. Olivenöl und Gänseschmalz haben einen hohen Anteil an Ölsäure, daher wird Olivenöl im Kühlschrank fest.

Hähnchenschenkel mit Paprika-Espelette-Kruste im Römertopf

Für 2 Personen

2	Hähnchenschenkel (ca. 600 g)
	Salz
	Pfeffer aus der Mühle
4 EL	Gänse- oder Entenfett
1 TL	Piment d'Espelette
1½ TL	rosenscharfes Paprikapulver
1	rote Zwiebel
1	Karotte
3	Lorbeerblätter
50 ml	tanninarmer Rotwein
50 ml	Geflügelfond
50 g	eiskalte Butter

Die Hähnchenschenkel am Gelenk in Ober- und Unterschenkel trennen. Die Haut salzen und pfeffern. Gänsefett bei 30–40 °C schmelzen und mit Piment d'Espelette und Paprikapulver zu einer Paste rühren. Etwas abkühlen lassen, bis sich eine streichfähige Paste bildet. Die Paste auf die Hähnchenhaut auftragen und kühl stellen.

Den Römertopf etwa 10 Minuten kalt wässern. Zwiebel und Karotte schälen und in Würfel schneiden.

Die Gemüsewürfel, die Lorbeerblätter und die Hähnchenschenkel in den Römertopf geben, den Rotwein und den Geflügelfond angießen und im nicht vorgeheizten Backofen bei 220 °C Ober- und Unterhitze etwa 30 Minuten garen, danach die Temperatur auf 180 °C reduzieren und weitere 45 Minuten garen.

Die Geflügelteile herausnehmen und die Lorbeerblätter entfernen. Aus dem Gemüse und dem Fond eine Sauce herstellen und abschmecken. Die Butter würfeln, portionsweise zugeben und unterrühren, bis die Sauce sämig ist.

Römertopf: Der Römertopf ist ein geniales Kochgeschirr, das in der Regel vollkommen unterschätzt wird. Es werden dabei zwei Formen des Wärmeübertrags ausgenutzt: Wärmestrahlung und Dämpfen. Im Innern des Römertopfs kann es nicht heißer werden als 100 °C, da immer eine Dampfphase gebildet wird. Dennoch sind die Wände des Tontopfes heißer. Diese Wärme wird auch nach innen abgestrahlt, und die Wärmestrahlung trifft auf das Gargut. Dadurch bilden sich bei ausreichender Garzeit mitunter feine Krusten.

Der Zweck der „Fettpaste": Das Fett hat den Vorteil, dass die scharfen Aromen darin gelöst werden. Capsaicin ist ein rein fettlösliches Molekül. Der physikalische Vorteil des Gänsefetts ist dessen Fettsäurenzusammensetzung. Es besteht zu einem Großteil aus einfach ungesättigten Fettsäuren, die bei etwa 13 °C schmelzen. Dadurch wird die Paste auf der zu Beginn kühlen Hühnerhaut relativ schnell fest und fließt nicht mehr herab. Beim Garen selbst werden die Granulate Teile des Fetts aufgrund der Löslichkeit festhalten, sodass es auch bei höheren Temperaturen nicht mehr so leicht von der Haut fließt. Schnell verbinden sich beim Garen die Proteine der Haut über die Maillardreaktion mit den Aromen und bilden einen wohlausgewogenen Geschmack der beiden süß-scharfen Pfefferaromen. Das Ergebnis ist sicht- und riechbar: Die Haut ist gleichmäßig mit den Gewürzen überzogen und von der Konsistenz eher weich. Eingefleischte Knusperhautfans nehmen während der letzten zehn Minuten den Deckel des Römertopfes ab, dann wir die Haut knuspriger.

Gänseschmalz: Oft wird Gänsefett als böses tierisches Fett verteufelt. Zu Unrecht, denn die Schmelztemperatur des Gänsefetts liegt im Bereich der Zimmertemperatur. Einmal aus dem Kühlschrank genommen, schmilzt es schnell. Dies liegt an dem relativ hohen Anteil der einfach ungesättigten Fettsäuren, wie sie auch im Olivenöl vorkommen. Diese schmelzen und kristallisieren etwa bei 13 °C (siehe auch Tabelle Fettsäuren und Schmelzpunkte, Seite 27 und 171).

Als Beilage eignen sich die Zuckerpastinaken von Seite 181.

Alles im Lack: Hühnerbrust mit Tamarindenhonig

Für 2 Personen

- 1 EL Tamarindenpaste (Asia Laden)
- 2 EL Honig
- 1 TL Pektin (Apotheke oder Reformhaus)
- 2 Hühnerbrüste (à ca. 160 g)

Den Backofen auf 240 °C Ober- und Unterhitze vorheizen.
Die Tamarindenpaste mit zwei Esslöffeln Wasser verrühren. Honig und Pektin sorgfältig einrühren, damit sich das Pektin gut löst.
Eine beschichtete Pfanne erhitzen. Eine Hühnerbrust auf der Hautseite gut anbraten, dann wenden. Die zweite Hühnerbrust zugeben und beide auf der Fleischseite nur kurz anbraten.
Im Backofen etwa 5 Minuten garen. Herausnehmen und den Backofengrill zuschalten.
Die Hühnerbrüste mit dem Lack bestreichen und unter dem Grill weitere 5–8 Minuten garen.
Vor dem Aufschneiden kurz ruhen lassen.

Variante: Anstatt der Tamarindenpaste kann man auch einen Esslöffel Sojasauce und einen Esslöffel dunklen Balsamico verwenden.

Pektin hilft Krusten. Knusprige Krusten sind stets eine Folge der Maillardreaktion, wie das Bräunen im Allgemeinen von Kochchemikern genannt wird. Dabei vereinigen sich die Bestandteile der Proteine, die Aminosäuren, mit Zuckern aus (tierischen) Kohlenhydraten zu neuen Verbindungen, die sich durch ihre braune Farbe und intensiven Düfte auszeichnen. Bei dieser Reaktion werden unter Beteiligung von Aminosäuren und Zuckermolekülen ringförmige Moleküle gebildet, die gut riechen und schmecken. Allerdings spielt die Anwesenheit von Fett bei der Maillardreaktion eine große Rolle für die Entstehung dieser aromatischen Verbindungen. Knackende Schweinskrusten unterscheiden sich deutlich von Geflügelkrusten im Geschmack. Kein Wunder: Die Zusammensetzung der Fettsäuren ist unterschiedlich.

Die Fett-Wasser-Problematik und die Maillardreaktionen können gezielt beeinflusst werden, indem die Haut des Geflügels mit einer speziellen Lösung lackiert wird. Diese braucht alle Komponenten, um die Maillardreaktion sofort einzuleiten und zu steuern: die Zuckergrundelemente Fructose und Glucose, beide bestens im Honig vorhanden, Balsamico und Sojasauce für die Säurebalance und etwas Pektin. Wenn dieser Lack auf die Geflügelhaut aufgepinselt wird, emulgiert der Pinsel die Lösung mit dem Fett der Haut. Entscheidend ist das Pektin.
Es besteht ebenfalls aus Zuckern, die aber zu langen Molekülketten verhängt sind und so den Lack erheblich zäher machen. Er fließt nicht so leicht von der Haut, selbst unter Hitzeeinwirkung. Durch den Honig stehen kleine und zur Maillardreaktion bereite Zuckermoleküle von Anfang an bei Fuß. Die Bräunung setzt sofort ein. Dann zerfallen nach und nach die Pektinketten in kleinere Stücke, die ebenfalls mit Fett und Aminosäuren reagieren und zur Verknusperung beitragen.

Tamarinde: Diese säuerliche Lösung aus der Tamarinde enthält ebenfalls wasserlösliche Kohlenhydrate (Polysaccharide). Tamarindenmehl kann bei entsprechender Konzentration zum Binden von Saucen verwendet werden. In indischen Linsengerichten fügt man gern etwas Tamarindenlösung hinzu, die Geschmack und Stabilität geben. In höheren Konzentrationen gibt Tamarinde stabilere Gelees als Pektine. So findet sie auch als Verdickungsmittel oder Stabilisator in Mayonnaisen Anwendung. In obigem Rezept wurde ein Synergieeffekt von Pektin und Tamarinde für die Viskosität des Lacks angewandt.

Als Beilage eignet sich das Karotten-Olivenöl-Granité von Seite 29.

In Zucker gebratenes Lammfilet

Für 2 Personen

5	getrocknete Aprikosen
400 g	Lammfilet
3	Schalotten
4	Knoblauchzehen
10 g	frischer Ingwer
1 g	Cumin (Kreuzkümmel)
1	getrocknete rote Chilischote
40 g	Zucker
	Salz
40 g	grob gemahlene Mandeln
1 g	Raz el Hanout (Gewürzmischung)
100 ml	Lammfond
	Stickstoff Olivenöl (siehe Seite 13)

Die Aprikosen etwa 30 Minuten in Wasser einweichen, abtropfen lassen und fein würfeln. Lammfilet in 3 cm große Würfel schneiden. Schalotten, Knoblauchzehen und Ingwer schälen und fein würfeln. Cumin in eine heiße Pfanne geben, anrösten, herausnehmen und mörsern. Die Chilischote entkernen und ebenfalls mörsern. Den Zucker in derselben Pfanne schmelzen, die Lammstücke darin anbraten und salzen. Die Pfanne vom Herd nehmen, das Fleisch herausnehmen und warm halten. Den Ingwer und die Mandeln in der Pfanne schwenken, bis die Mandeln leicht Farbe angenommen haben. Schalotten und Knoblauch zugeben und leicht karamellisieren lassen. Die Aprikosen mit zwei Esslöffeln Wasser zugeben und weiter garen. Mit Raz el Hanout, Chili, Cumin und Salz würzen. Den Lammfond nach und nach angießen und einreduzieren lassen, bis eine leichte Bindung entstanden ist. Das Fleisch in tiefen Tellern anrichten und mit der Sauce übergießen.
Die gefrorenen Olivenöltropfen darauf geben und sofort servieren.

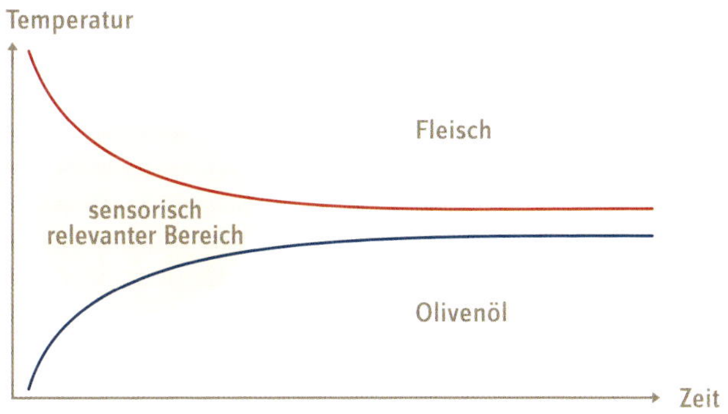

Das Olivenöl zum Schluss hat zwei Aufgaben. Zum einen braucht das Gericht etwas Fett, das die scharfen Aromen auffängt. Zum anderen gibt dieses kalte Olivenöl einen zusätzlichen sensorischen Effekt, da es im Mund ein vollkommen anderes Aufheizverhalten erzeugt als im Kontrast dazu das Fleisch den Abkühleffekt.

Dieser Vorgang kann an der Figur Zeit-Temperatur-Sensorik verdeutlicht werden. Der kulinarisch interessante Bereich liegt in der stärksten Änderung der Abkühl- und Aufheizkurven von Fleisch und Olivenöl. Hinzu kommt, dass sich das Fließverhalten des Öls deutlich ändert.

Frittieren mit Zucker – Trehalose

Das Frittieren erfolgt hier zum Vergleich in zwei Medien, Fett und Zucker. Dabei zeigt sich deutlich die ausgeprägte Maillardreaktion durch die starke Bräunung bei den im Fett frittierten Bällchen. Bei den in der Zuckerlösung frittierten Bällchen ist während der Frittierzeit keine nennenswerte Bräunung eingetreten. Dadurch unterscheidet sich der Geschmack deutlich.

Zum Garen über 100 °C in Zucker eignet sich nicht jede Zuckersorte, denn eine parallel ablaufende Karamellisierung stört dabei erheblich den Geschmack. Wird dieses Experiment mit einer übersättigten Lösung aus Haushaltszucker durchgeführt, verfärbt sie sich schnell bräunlich, da sie zu karamellisieren beginnt. Daher benötigt man für diese Methoden so genannte nicht reduzierende Zucker, etwa Trehalose, ebenfalls wie der Haushaltszucker ein Disaccharid. Bei Mischungsverhältnissen von etwa 3 Teilen Trehalose und 1 Teil Wasser werden etwa 110–120 °C erreicht. Je mehr Wasser aus der Lösung verdampft, desto höher wird die Temperatur, ganz wie beim Einkochen von Konfitüre und dergleichen ohne Gelierhilfen.

Allerdings muss immer genügend Wasser in der Trehaloselösung verbleiben, vor allem, wenn hydrophile Nahrungsmittel darin gegart werden. Diese können unter Umständen der Lösung schnell zuviel Wasser entziehen. Dabei sinkt die Wasserkonzentration in der Lösung und es bilden sich Kristallkeime der Trehalose, die bei diesen Bedingungen schnell wachsen können. Außerdem muss ausreichend Trehaloselösung zur Verfügung stehen, da sonst das Gargut die Lösung zu stark abkühlt und es ebenfalls zu einer raschen Kristallbildung kommen kann.

Trehalose wird übrigens auch im Labor gern verwendet, um isolierte Proteine zu stabilisieren und vor unerwünschten Denaturierungsprozessen zu schützen.

Natürlich hinterlässt der Zucker seine Spuren auf dem Frittiergut. Die Süßkraft der Trehalose entspricht etwa der von Glucose (ungefähr 45 % der Saccharose, also des normalen Haushaltszuckers).
Trehalose schützt übrigens auch viele (winterfeste) Pflanzen vor Frost. Die Foodindustrie gibt ihn daher auch gern in Eis oder Süßwaren, die gefrostet werden sollen. Der Trick besteht darin, dass das Zuckermolekül seine OH an eine andere Stelle setzt. Schon bleiben die Kristalle klein und die Pflanzenzellen unbeschädigt. Biologen und Biophysiker nutzen ihn im Labor zur Stabilisierung von Proteinen, wenn sie diese aus der Membran nehmen, um sie zu vermessen. Trehalose wird großindustriell aus Stärke gewonnen.
Trehalose ist ein so genannter nicht reduzierender Zucker. So werden diejenigen Di- oder Polysaccharide bezeichnet, deren Aldehydgruppe nicht zu einer Carboxylgruppe aufoxidierbar ist, da sie an der glykosidischen Bindung beteiligt ist und damit nicht frei vorliegt.

Süßes Frittieren: Gulab Jamun und Safransirup

Für 2-3 Personen

20 g	Butter
40 g	Mehl (Typ 405)
150 g	Vollmilchpulver
10 g	Backpulver
1	Ei
20 ml	Milch

Zum Frittieren mit Zucker:

600 g	Trehalose-Zucker (Bos Food)
170–200 ml	Wasser

Zum Frittieren mit Fett:

200 g	geklärte Butter (Ghee oder Butterschmalz, neutrales, hoch erhitzbares Pflanzenfett oder Pflanzenöl)

Für den Safransirup:

500 ml	Wasser
50 g	Glucose
50 g	Fructose
2,5 g	Kardamomsamen
0,1 g	Safranfäden (oder 40 ml Rosenwasser)

Die Butter in einen kleinen Topf geben und bei geringer Hitze unter Rühren zerlassen.
Mehl, Vollmilch- und Backpulver in einer Schüssel vermischen. Das Ei verquirlen und zusammen mit Butter und Milch zugeben. Die Masse zu einem weichen, glatten Teig verrühren. Den Teig in etwa 10 Portionen teilen und daraus kleine Bällchen formen.
Für das Frittieren mit Zucker den Trehalose-Zucker mit dem Wasser in einem hohen schmalen Topf auf 110–125 °C erhitzen. Die Bällchen darin portionsweise unter ständigem Wenden frittieren. Auf Küchenpapier abtropfen lassen.
Für das Frittieren mit Fett die geklärte Butter in einem hohen schmalen Topf auf 160–170 °C erhitzen und die Bällchen darin portionsweise unter ständigem Wenden goldbraun frittieren. Auf Küchenpapier abtropfen lassen.
Für den Sirup Wasser und Zucker in einem Topf aufkochen und etwa 10 Minuten sirupartig einkochen lassen. In der Zwischenzeit die Kardamomsamen mörsern und aus dem Mörser nehmen. Die Safranfäden zusammen mit einer Prise Zucker mörsern. Die Kardamomsamen untermischen und alles zum Sirup geben.
Falls keine Safranfäden verfügbar sind, das Rosenwasser in den Sirup gießen.

Die frittierten Bällchen auf einem Teller anrichten, den Sirup darüber gießen und 15 Minuten ziehen lassen. Lauwarm servieren.

Der Farbunterschied der Bällchen zeigt: Das in Trehalose frittierte Bällchen (Mitte) zeigt keine nennenswerte Bräunung und ist auch deutlich süßer als die in Butterfett frittierten.

Diese Variante zeigt, wie sich die Maillardprodukte problemlos einfügen. Zu beachten ist, dass die Milchbällchen nicht gesüßt werden. Der große Reiz dieses Desserts entsteht erst durch das nachträgliche Süßen mit dem Sirup, der langsam in die Bällchen eindringt. Von einer zu langen Marinierzeit ist allerdings auch abzuraten, da die Bällchen sonst zu „soggy" werden. Auch hier gelten die allgemeinen Prinzipien beim Frittieren. Die Temperatur darf hier keinesfalls die 160-Grad-Marke überschreiten.

Ein Beispiel dafür, dass die molekulare Küche eine lange Tradition in anderen klimatischen Verhältnissen hat: Milch konnte nicht beliebig lange im heißen Klima gelagert werden. Daher musste sie konserviert werden – in Form von Pulver. Indische Köchinnen zauberten daraus ein wunderbares Dessert, das verschiedene Kochformen und Kochanwendungen kombiniert.

Crocin

Die Verwendung von Safran-Fäden ist angebracht, da sie sich weniger leicht fälschen lassen als Pulver. Zur besseren Verarbeitung ist es ratsam, die Fäden mit Zucker (oder Salz) zu mörsern. Sie lösen sich dann besser auf, die Farbe wird intensiver, ebenso der Geschmack. Die Farbe von Safran ist auf das Molekül Crocin zurückzuführen.

Crocin löst sich außerordentlich gut in Wasser, obwohl das Molekülgerüst zu den fettlöslichen Betacarotinen gehört. Allerdings befindet sich an jedem Ende ein Zuckermolekül, die Gentiobiose. Dieser Zucker zieht das Molekül sozusagen ins Wasser. Schon färbt sich jede wässrige Lösung, sei es das Risotto oder jede Sauce, herrlich gelb.

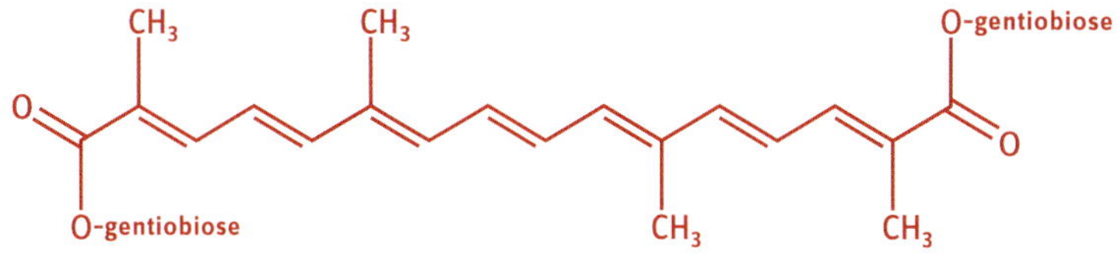

Die Struktur des Moleküls gibt aber auch Hinweise auf die Qualität des Safrans, besonders wenn er als Pulver verkauft wird. Bestimmte Moleküle agieren in der Chemie als Indikatoren. In der Küche sind diese zum Beispiel bei Blau- und Rotkraut jedem bekannt. Beim Kochen von Blaukraut in Säure (Essig oder Äpfeln) wird es rot. In Basen bleibt es blau. Daher ist Blaukraut ein „Säureindikator".

Ist dem Safran zum Beispiel etwas Kurkuma (Gelbwurz und dessen Farbstoff Curcumin) beigefügt, so kann dies zum Beispiel mit der Zugabe von Natriumhydrogencarbonat nachgewiesen werden. Bei reinem Safran bleibt die Lösung gelb, enthält sie Anteile von Kurkuma, verfärbt sich die Lösung rot. Ein ähnliches Farbverhalten zeigt sich auch mit Ammoniak, das sich zum Beispiel im Hirschhornsalz befindet und bei Erwärmung entweicht. Der Grund ist das Curcumin; es hat die Eigenschaft eines Säure-Base-Indikators und löst sich im Sauren mit hellgelber, im Alkalischen mit rotbrauner Farbe. Sein Umschlagsbereich liegt bei pH-Wert 7,4-8,6. Genau das wird durch die Zugabe von Natron (oder z. B. Ammoniak) erreicht.

Petersilienschnuckiputzis

1	Bund Petersilie
100 ml	Rinderfond oder -brühe
2 g	Natriumcitrat (Biozoon)
	Salz
30 g	grober Weizengrieß
5 g	Maisstärke
50 ml	Sahne
1 EL	Butter
21 g	Lecithinpulver (Drogerie oder Apotheke)

Von der Petersilie die Blätter abzupfen, 2 Stängel beiseite legen. Die Blätter mit dem Fond oder der Brühe und dem Natriumcitrat kurz aufkochen, salzen und pürieren.

Zwei Drittel der heißen Flüssigkeit mit Grieß, Maisstärke und Sahne verrühren und ausquellen lassen. Falls notwendig, noch etwas Grieß zugeben, sodass die Masse formbar wird. Aus der Grießmasse eine Rolle modellieren, in Klarsichtfolie wickeln und ca. 2 Stunden kalt stellen. Von der Rolle etwa 0,75 cm dicke Scheiben schneiden und in einer Pfanne sanft in Butter anbraten. Die restlichen Petersilienstängel klein zupfen und kurz mitbraten.
Das Lecithin in die restliche Flüssigkeit geben, aufschäumen lassen und den Schaum abschöpfen. Zusammen mit den Petersilienschnuckiputzis und der gebratenen Petersilie beispielsweise zu Boeuf miroton servieren. Der Schaum lässt sich übrigens – auch ohne Show und Stickstoff – im Gefrierfach für spätere Verwendung einfrieren.

Das Natriumcitrat ist ein guter Farbstabilisator. Die Schnuckiputzis sind selbst nach der Tortur in der Pfanne noch so grün wie die frische Petersilie im Kräutergarten.

Selbst das Lecithin übernimmt hier noch ein paar molekulare Aufgaben: Es emulgiert Fette aus der Sahne mit dem wässrigen Fond und verbindet die eigentlich höchst unverträglichen Bestandteile der Schnuckiputzis. Das ist der alte Trick aus dem industriellen Backlabor: Jeder Kuchen, jede Waffel, jedes Schokoladencroissant bekommt seinen Emulgator mit auf den Backweg. So verteilen sich Wasser und Fette gleichmäßiger. Beim Verdampfen des fein verteilten Wassers bilden sich überall nahezu gleich große Bläschen. Das Backwerk geht besser auf und erreicht so mehr Volumen. Bei den Schnuckiputzis verhindert der Grieß große Bläschen. Aber das geht zu Gunsten der Struktur und des „mouthfeelings".

Warum nicht die Schnuckiputzis auf einem Teller mit einem Stück Bierwurst und Bauernbrot servieren und das Ganze als molekularen Vesperteller deklarieren? Statt Senf, der sich zur Bierwurst eher nicht empfiehlt, kann dazu ein halbwarmes Gel aus dunklem Bier (stabilisiert mit 0,1 g Guarnkernmehl und 20 ml einer 2%igen Lösung mit Methocel (Methylcellulose) gereicht werden. Das wäre der ultimativ supramolekulare Vesperteller jeder Dorfwirtschaft.

Die Petersilienschnuckiputzis runden das Hunsrücker Sauerfleisch von Seite 149 ab.

Rezeptregister

A	Air – essbarer Schaum, Petersilie	55
	Air – essbarer Schaum, Räucherspeckschaum auf Brotchips	59
B	Beignets, Blut- und Leberwurst	187
	Bier-Rind, asiatisches	185
	Birnenkompott, süß-saures	93
C	Campari-Kaviar	63
	Clementinensauce	155
	Court Bouillon	121
E	Eischnee mit Holundersirup – Nitrobaisers	17
	Entenbrust im Plastiksack	123
	Erbsen – mal hart, mal weich	143
	Espuma Sesam-Curry, gefrorene	19
F	Fleischconfit	159
	Foie gras, Terrine	103
G	Grundmayonnaise aus Eiklar und Olivenöl	69
	Gulab Jamun und Safransirup, süßes Frittieren	197
H	Hähnchenschenkel mit Paprika-Espelette-Kruste im Römertopf	189
	Hollandaise, Physik	85
	Huhn über Dampf	147
	Hühnerbrust mit Tamarindenhonig, alles im Lack	191
	Hühnereis mit Hautchip	33
	Hunsrücker Sauerfleisch, Klassiker	149
I	Îles flottantes – Ei-Schaum	95
K	Kabeljau, Eis	25
	Kalbsnieren (Rognons de veau)	169
	Kappa - Schaumgel	79
	Karottenmarzipan	37
	Karotten-Olivenöl-Granité	29
	Kartoffel-Olivenöl-Creme	117
	Kichererbsen unter Dampf und Druck - Autoklaven in der Küche	157
	Krautflecken/Krautlutscher	145
L	Lachstatar, Garen mit Säure	39
	Lammfilet, in Zucker gebratenes	193
	Lammkeule, 80-Grad	125
	Leberpraline	105
	Lebkuchenleber mit Apfelinterpretation	175
	Lutscher von Schokolade und Olivenöl	27
M	Mandelstreusel für grüne Bohnen	167
	Meringuen - Trocknen und Zuckern	151
O	Orangen-Olivenöl-Emulsion	43
P	Paprika mit Thunfisch, glacierte	173
	Pastisgranité	31
	Petersilienschnuckiputzis	201

Rezeptregister

R	Resteverwertung, molekulare	51
	Rinderfilet im Senfkräutermantel	127
	Rindertournedos mit Foie-gras-Sauce	87
S	Schäume mit Sahne und Schokoladenravioli, warme	73
	Schokolade mit Fleur de Sel	71
	Schokoladeneis	21
	Schokoladensauce auf Bananen, grüne	65
	Schweinefilet, 60-Grad, im Wasserbad	111
	Schweinkram, de- und umkonstruiert	119
	Sinfonie en gel	81
	Sirup, provenzalischer	161
	Spargel, Petersilienwurzel & Co., in Zucker braten	179
	Stickstoff-Olivenöl	13
T	Tatar de Tomate, formstabil	49
	Trüffel-Brouillade	99
V	Verglaste Kräuter: Schmeckbarer Glasübergang	15
W	Weinbergpfirsich-Lavendel-Konfitüre	163
Z	Zuckerpastinaken mit Rauch-Öl-Aromen	181

Theorie	Air – essbarer Schaum	57
	Braten, in Zucker	177
	Bratendoping, erlaubtes	139
	Cellulose, modifizierte	67
	Cremes und Legierungen	101
	Crocin	199
	Ei-Schaums, molekulare Aspekte	97
	Fleisch und Farbe, molekulare Prozesse	129
	Garen bei 60 °C	109
	Garen mit oder ohne Knochen?	131
	Gartheorie: niedrig versus kurz	133
	Geschmack und physikalische Parameter	41
	Geschmack und physikalische Parameter bei Gelen	77
	Gewürztransformation, kulinarische und molekulares Würzen	89
	Hollandaise, Physik – Emulsionsphysik	83
	Leberpraline, molekulare Aspekte	107
	Pochieren	135
	Protein Tripelhelix – Schmoren und Kollagenküche	137
	Proteine und ihre Eigenschaften im Eiklar	113
	Talg und andere „Mischfette“	171
	Trehalose, Frittieren mit Zucker	195
	Verkapselungen - mundgerechte Core-shell-Gele	61
	Warm – kalt – fest	45

Firmenverzeichnis

Espuma Spender Edelstahl 0,5 Ltr.
iSi Deutschland GmbH
Mittelitterstr. 12-16
42719 Solingen
www.isi.at

Biogon C30 E941/E290 20l 200bar, Flüssiger Stickstoff
Linde AG
Geschäftsbereich Linde Gas
Kostheimer Landstr. 25
55246 Mainz-Kostheim
www.linde-gas.de

Paco-Jet
Powerlux Vertriebs GmbH
Meilenbergerstr. 4
82057 Icking-Dorfen
www.pacojet.de

Hold-o-Mat
Hugentobler+Partner GmbH
Lohenstrasse 13
82166 Gräfelfing
www.hugentobler.de

Vakuumiergerät Plus Vac 20
Komet Maschinenfabrik GmbH
Am Filswehr 1
73207 Plochingen
www.vacuumpackaging.com

Produkte für die Molekulare Küche
Biozoon Food Innovations GmbH
Fischkai 1
27572 Bremerhaven
www.biozoon.de

Wasserbad, Laborbedarf
neoLab Migge Laborbedarf
Vertriebs GmbH
Rischerstr. 7-9
69123 Heidelberg
www.neolab.de

Danksagung

Das Buch wäre natürlich in dieser Form nie entstanden ohne die tatkräftige Hilfe und Mitarbeit von vielen Freunden, Kollegen und Mitstreitern, die mit Rat und Tat zur Seite standen. Ganz besonders danke ich dem gesamten Tre-Torri-Team für die großartige und kompetente Unterstützung in allen Phasen des Buches, sei es bei der Formulierung der Idee und der Umsetzung, beim Kochen, beim Fotografieren und bei der Gestaltung.

Dr. Ingo Lieberwirth und Gunnar Glaßer gewährten die tiefen Einblicke mittels Elektronen- und Lichtmikroskopie. Dr. Günter K. Auernhammers Hightech-Labor musste für so manche Emulsion und Mikroskopie herhalten. Marcus Danner und Antonio Sportiello zeigten mir zum ersten mal was Küchenarbeit wirklich bedeutet. Großen Dank.

Ganz besonderer Dank gebührt dem Sternekoch Michael Hoffmann vom Restaurant Margaux in Berlin. Er war an mehreren Tagen der Produktion dabei und half kräftig mit. Es war für mich eine große Freude, einmal mit einem Spitzenkoch so frei und kreativ tätig sein zu können. Der ständige Austausch von Ideen und Fakten war eine wundervolle und fruchtbare Erfahrung. Von ihm stammt auch das Rezept für das Paco-Jet Kabeljau-Eis.

Meiner Frau Barbara danke ich herzlich für die Geduld, mit der sie mein physikalisch-chemisches Küchenchaos erträgt, für ihre ständige Arbeit an meinem „mis-en-place" und vor allem für das Erschmecken vieler (häufig spontaner) Küchenexperimente sowie für konstruktive Kritik und Vorschläge. Auch hält sie seit Jahren Ideen und Rezepte in Kladde und PC gewissenhaft fest; erst dadurch konnten sich einige hier wieder finden.

Prof. Dr. Thomas Vilgis

Impressum

Molekularküche – Das Kochbuch von Prof. Dr. Thomas Vilgis

Herausgeber: Ralf Frenzel

Idee, Konzeption und Umsetzung: CPA! Communications- und Projektagentur GmbH, Wiesbaden, www.cpagmbh.de

Die CPA! Ist Mitglied der Deutschen Akademie für Kulinaristik und fördert Slow Food Deutschland e.V.

Autor: Prof. Dr. Thomas Vilgis, Mainz
Gestaltung: Guido Bittner, Wiesbaden
Fotografie: Thomas Jupa, Frankfurt
Satz: Peter Winkelmann, Wiesbaden
Reproduktion: DG Medien, Heidelberg

Printed in Italy

ISBN: 978-3-937963-58-7